[美]

欧文·埃尔加·米勒 著

（Irving Elgar Miller）

覃方明 译

The Significance

of the Mathematical

Element in the

Philosophy of Plato

柏拉图
哲学中的
数学

ZHEJIANG UNIVERSITY PRESS

浙江大学出版社

目录

柏拉图著作涉及数学的章节出处索引

基于 B. 周维特（B. Jowett）英译《柏拉图对话集》，五卷本，第三版（伦敦：牛津大学出版社，1892；纽约：麦克米伦公司，1892）

导言

　　柏拉图对于数学有着浓厚的兴趣，但哲学仍是他的酷爱。这两种兴趣，初想之下毫不相干，却汇聚成为智识上完全相互作用的关系。柏拉图的数学研究有着迥异的动机、表象和结果，这来自以下事实：他首先是哲学家，他的哲学（对数学）有着不同的运用，也来自以下事实：他热爱数学。

　　当柏拉图把注意力转向数学时，他是用哲学家的眼睛在看，这对数学的进步很有意义。因此，我将讨论他的哲学洞察力使他在数学里究竟看到了什么吸引他的东西，他将心灵的哲学态度以什么方式施之于对数学主题的研究，来推进这一科学的进步。

　　另一方面，数学与哲学要素的相互作用在柏拉图哲学体系的发展中是个重要的因素。本书的主要部分将处理以下任务：展示数学如何影响哲学问题的构想，决定其方法，影响哲学的内容。

在第一章里，我已经将数学要素置于显著的位置，特别提及要展示哲学要素对数学的意义。在剩下的章节里，我将哲学要素置于显著位置，试图展示数学要素对它的影响。这涉及在处理某些主题时的重复和在某些节点上大量的互相参照。这一重复的因素也许可以通过统一的处理来予以避免：在哲学的领导下，将数学当作偶然的与从属的。但是我已经想到，出于数学要素自身的理由赋予数学要素以更加统一的讨论的优势抵消了来自其他观点的劣势。

在此没有尝试处理所谓毕达哥拉斯派的数的理论，有时据说柏拉图在他生命的晚年致力于达成他的哲学与这一理论的和谐。往最好了说，在数学与柏拉图的哲学之间确立这样联系的权威也是十分成问题的。在柏拉图自己的著作里就此找不出多少支持的证据。此外，寻求在柏拉图对话中发现数学之谜答案的读者只会落得一场空，除非这些数学之谜会从本书所推演出的观点中找到理性的解释——本书的观点是一种关注思想运动的观点，并且这一观点，不仅从数学观念直观的特征或者价值的角度来看待，而且主要参照这些观念关乎哲学问题的方面，从它们代表这些问题的关系来看待，数学观念的引进。

第一章
柏拉图对数学的一般态度

柏拉图的对话富含着对数学的隐喻和征引。不难看出他是数学科学的伟大鉴赏家，对于数学有着敏锐的鉴赏力。让我们在追究细节之前先举出一般状况的一点例证。

数学研究迷住了柏拉图乃是出于其"魅力"[1]。正是通过这一品质，立体几何得以进步，即使它还没有得到发展，没有获得普遍欣赏，也没有得到好好传授[2]，人们声称算术有着"伟大而鼓舞人心的效能[3]"。它是"一种最佳天性应当从中得以受到训练的知识[4]"，对人类来说是不可或缺的[5]。数学价值的这后一概念由柏拉图可能最晚期的对话《法律篇》予以非常强调之论断。在此他论证说"对于人类不可或缺的东西和对这些东西的

---

[1] *Rep.*, 7:525.
[2] *Rep.*, 7:528.
[3] *Rep.*, 7:525.
[4] *Rep.*, 7:526.
[5] *Rep.*, 7:522.

证明的无知对每个人来说都是可耻的"。某种程度的数学知识"对于被视为神、半神、英雄或者想要知道任何最高品类的知识的人来说都是必需的"[1]，"不知道数学的基本应用是荒唐而无耻的，更多的是猪的而非人类的特征"[2]。

柏拉图以如此崇高的措辞表达他对数学科学的欣赏与赞美。深入且更详细的研究将更加具体地表明，他对待这一主题的态度的本质和这一态度赖以建立的基础。他对于数学研究价值的判断更多地是从哲学的思维方式中成长起来，而非来自实际的思维方式。他对于实用的态度如何将在后面予以详细讨论。在此我们有充分理由说，他在数学上的主要兴趣集中在数学的品质、特性、精神过程和所涉的方法，他在数学中看到的科学程序的可能性，以及数学在哲学的过程、方法和成果领域对他有所启发的暗示与类比。

在柏拉图认为有价值的数学研究的品质与特征之中，最重要的是数学的普遍训练价值。任何像他一样对推理过程的培养那么感兴趣的人都忍不住会看到数学在这方面的可能性，即使数学科学在他那个时候还是片断零碎的也罢。他观察到，接受数学训练使得一个哪怕在其他方面都愚笨的人，要比没有接受过数学训练的人在所有其他知识门类里都有着快得多的理解力。[3]他对这一事实的印象如此深刻，以至他在讨论算术时曾经

---

[1] *Laws*, 7:818.

[2] *Laws*, 7:819.

[3] Cf. *Laws*, 5:747.

谈到过这个观点[1]，后来在讨论几何学时又重复了这个观点[2]。正是因为数学赋予抽象能力和推理过程的训练的缘故，柏拉图在其哲学的唯理论倾向（后面将予以讨论）之外，将数学当作哲学的预备课程。[3]

虽然在柏拉图的时代，所有科学，其中包括数学，都多少处于发展的萌芽阶段，但是数学这一主题，出于其要素的相对单纯性的理由，已经远远超越了其余科学，并且由于其程序的清晰和结果的确定，巍然屹立于卓尔不群的境地。这样一个事实对于柏拉图有着比能够为数学的精确所激起的任何功利价值都更大的兴味。他对以下事实有着哲学的鉴赏力：涉及算术的技艺和涉及称重与测量之类的技艺是最精确的，而在这些技艺中，那些"为纯粹哲学冲动 [即，理论的或者纯粹的数学] 所激活的技艺或者科学乃是在精度与真伪上无限地优越"[4]。他感觉这一清晰与确定的原因在于三个重要的特征：（1）数学中的直观要素；（2）数学更准确地将定义概念化；以及（3）数学的程序方法。因为这些要点后面还要在另一个关系里予以进一步的讨论，因此，在这里只对它们进行最简略的阐述。

柏拉图对于数学中的直观要素印象深刻这一点确实来自对《美诺篇》的征引，如果我们没有其他来源的话。当他需要为

[1] *Rep.*, 7:526.
[2] *Rep.*, 7:527.
[3] *Rep.*, 7:521-33, see especially 533.
[4] *Phileb.*, 55-57.

10   他的知识学说寻找一个例证以确认知识是在此生之前的状态中被感知的，他转向了数学。《美诺篇》里的奴隶少年被塑造为完成了一个几何学的示范，这里"没有教导"，但是通过提问的过程，他自己恢复了他的知识。[1] 无论柏拉图是否感知到数学中直观要素的意义的全部力量，但他确实在这一实践例证中展示出这一要素。认为正是数学中的这一直观要素要么创造出了这一哲学问题，要么也是创造这一哲学问题的一个因素，难道不合理吗？柏拉图在他的回忆学说中寻求的就是这一哲学问题的答案。

数学，相比其他学科，也已经达到更高程度的关于定义的精确概念化。柏拉图欣赏数学的理由之一也可以在对这一事实的频繁阐述中看出端倪，他借由它来说明对于好定义必备的条件是什么。在《泰阿泰德篇》里，对于平方数、椭圆和根的定义被用来展示枚举作为定义原则是不充分的，并且定义必须以普遍术语来表达，必须引出与逻辑分类的原则相一致的一个类。[2] 在《高尔吉亚篇》里，修辞学被一个对话者定义为一门涉及论说的艺术。这一定义的松散立刻被注意到了，其他人指出，修辞学以这样的方式定义无法与其他所有也涉及论说的艺术相区别。为了澄清事物，给出了一个来自数学领域的例证。如果算术被定义为那些通过言辞起作用的艺术之一，那计算也是如

---

[1] *Meno*, 81-86.
[2] *Theaet.*, 147-48.

此。那么，两者的区别在哪里？必须指出——区别就在于计算的艺术不仅考虑奇数和偶数的数量，而且还考虑它们彼此的数值关系。[1]

对于来自数学中直观要素和仔细定义的这类确定性与清晰性，柏拉图认识到，还要补充一点，它们也起因于程序的方法。

在此是一门人们不信任且力避所有来自可能性的论证的科学。[2]"数学家如果在几何学里从可能性与相似性来进行推导，那他就一文不值。"[3]

有迹象显示，柏拉图特别感兴趣于数学暗示着一种特殊的
程序方法——分析的方法。有证据显示，他对这一方法给予了特别关注，并且将它发展到更高程度。传统上，他被认为是这一方法的发明者。在《美诺篇》里，他暗示这一方法可以应用于数学领域之外。

在论证美德是否能够被教会的问题时，像在几何学里一样，首先作出一个假设，然后从它推导出结论。如果这些结论与已知的事实相矛盾，这个假设就被驳倒；反之，如果结论与事实一致，假设就被接受。[4]

毋庸置疑，一个具有哲学秉性的人应当被数学过程的美所打动。在那个研究领域还没有被细碎分割为专业的时代，那时

---

[1] *Gorge.,* 450-51.
[2] *Phaedo,* 92.
[3] *Theaet.,* 162-63.
[4] *Meno,* 86-87.

科学程序的方法还处在发展的萌芽阶段，在这里有一门科学至少还有某些东西属于它自己的技术。从具有无可怀疑的清晰性的直观材料与毫不含糊予以定义的概念出发，藉助于在每一步骤防范谬误的方法前行，就可以达到结论的确定性，这种确定性与其他科学模糊的可能性形成了鲜明的对比。

与数学的清晰性与确定性的品质密切关联的还有必然性与普遍性。柏拉图也注意到了这些品质，并且留下了强烈的印象。

谈到算术，他说："这一知识也许确实会被称为必然的，因为它是纯粹理智在达到纯粹真理时必须要用到的。"[1] 然而这一段落不是结论性的。但是在《法律篇》里，他在提到数学主题时指出："在它们中间存在某种必然的东西，不能弃之不顾"；而且他还补充说："也许那个说出了有关神的箴言的人在他说话时将此铭记在心，甚至神自己也不能对抗必然性。"[2] 在《泰阿泰德篇》里，算术的观念被归类于普遍观念[3]，并且在他于《理想国》中描述的为武士阶级规划的教育蓝图中，他赋予以下说法极大的重要性：注意力集中在"具有普遍用途的东西——所有艺术与科学与智力共同使用的某物——数字与计算上，所有的艺术与科学必定分享这些东西[4]"。

柏拉图关于数学用途的态度是个有趣的研究课题。一般而

---

[1]　*Rep.*, 7: 526.
[2]　*Laws,* 7:818.
[3]　*Theaet.,* 185.
[4]　*Rep.*, 7: 522.

言，他藐视对用途的需求，至少在用途（在实用意义上）被当作这一主题的价值的真正基础的意义上。他将它的价值主要置于其他基础之上。他采取的是哲学观点；他总是处于批判的、反思的心灵态度之中，至少，这一态度支配了所有其他态度。关于此点有充分的证据。

他嘲笑那些将会认为他的言辞是"无稽之谈"的人的阶层，"因为他们从这些言辞中看不到能得到什么好处"[1]。他的理想国的保卫者所接受的那类知识不会在实用的技艺中发现，这个字眼（从他心里对教育的观点看来）在这里指的是低俗[2]，但是这些保卫者将要接受完整的数学训练（与其他课程一起）。为了这一目的，他们将"不像那些业余者，只注重它的用途；也不像商人或者零售店主，只盯着买卖"那样来学习算术。"如果以哲学家的而非商店店主的精神来追求的话"，他认为，算术乃是一门迷人的科学，在教育程度上也更高级。[3] 从这一观点看来，越纯粹越抽象的数学就越好。他谴责那些自身没有完全摆脱过多地从实用角度来看待这门科学的倾向的数学家们。他评价他们是"以他们的日常语言来谈论（数学），就好像他们眼里只有实用一样"。他们"总是以狭隘与可笑的扭曲拉伸变形等等诸如此类的方式来说话——他们将几何学的必要性与日常生活的必要性

[1] *Rep.*, 7: 527.
[2] *Rep.*, 7: 522.
[3] *Rep.*, 7: 525.

混为一谈；反之，知识才是这整个科学的真正对象"。[1]

虽然柏拉图责难那些对功利的过度需求，并且坚持认为存在更高的价值有待于超越功利主义的标准去实现，但是他并非无视数学在日常生活进程里和在战士的职业生涯里的用途与意义。数学研究的这一双重的实用意义得以被赞赏地予以贯彻，在他的倡导之下，通过数学游戏的手段以埃及人的方式来教授儿童：

> 这使得他们更容易理解军队与征战的布局与移动；而在管理家计方面，数学也使得人们更加有效率，更加警醒；而在有着长宽高的事物的计量方面，数学将我们从对所有那些事物的根本无知中解放出来，这一无知是如此荒唐可耻。[2]

现在让我们分别来研究这两点，首先是日常生活这方面。数学在实用上对于技艺的重要性已经被指出了。出于数学要素的理由，这些技艺将能够奠基于比经验论更加安全的基础之上。柏拉图清楚地看到测量作为数量原理的客观应用，恰恰基于所有成果丰硕的技术程序的基础之上。

这些技艺据说依赖于数学；"所有技艺与科学都必定分有它

---

[1] *Rep.*, 7: 527.
[2] *Laws*, 7: 819.

们。"[1] "如果将算术、测量法和称重法从任何技艺中抽去，那么剩下的就只有推想和经验与实践所赋予的对感官的善加利用，除了某种猜测的能力之外，这通常被称为技艺，通过专注与痛苦来使之完善。"[2]

换言之，他也许会说，所有技艺开始都只不过是"试凑"法，直到应用数学于它们身上为止。

在《理想国》里，用大量篇幅来阐述这一事实：数学对于军人具有实用价值。

柏拉图呼吁，战争的艺术，像所有其他艺术一样，分有数学。[3] 国家的执政者们必须被说服为了其军事应用的缘故而学习算术。[4] 军人如果要对军事谋略有哪怕最浅近的理解，也应当拥有关于这一主题的知识。[5] "他必须学习数字的艺术，否则他就不知道如何部署他的部队。"[6] 虽然柏拉图将知识视为整个几何学的真正对象，压倒了其实用价值，但是他也将"来自几何学研究的军事优势纳入了几何学的间接效用，这种效用可不小"。[7] 在为保卫者设计的教育蓝图中，他说："我们关注几何学与战争相关的部分；因为要搭建营帐，要占据位置，还要截断或者延长部队的序列，或者任何其他的军事策略，无论是在实

---

[1]　*Rep.*, 7: 522.
[2]　*Philebus*, 55.
[3]　*Rep.*, 7: 522.
[4]　*Rep.*, 7: 525.
[5]　*Rep.*, 7: 522.
[6]　*Rep.*, 7: 525.
[7]　*Rep.*, 7: 527.

际的战斗还是在行军中，几何学都将巨细攸关，无论一个将军是抑或不是几何学家。"[1]

足以证明，并不是对数学的实用价值缺少理解或者欣赏，才使得柏拉图出于其功利价值的缘故谴责对这一主题的研究。他之所以谴责它是为了将重点投向他认为数学理应归属的地方。他不会仅仅因为实用就无视较高的价值，而他认为实用只具有较低的价值。我们也许会说，对他来说理论数学的价值是主要的与基本的，而实用数学的价值是次级的、附带的，这被视为理所当然。数学的实用价值是某种他路过时顺带指出的东西；而理论数学则吸引了他最深湛的理智需要。他赞扬这一理论数学研究的一个理由当然会在他对知识与存在的本质的概念化中发现。对此的讨论将在后面进行；我们在此更加关注与他对待数学主题的态度有关的事实。在这一关联中，还有另一要点有待阐明。

正是在与数学的理论研究的关联中，柏拉图看到了科学程序的可能性，这正是经验的或者仅仅实践的研究中所缺乏的。从这一观点我们发现，他在数学里坚守着一条在科学的与实践的之间、哲学的与通俗的之间、纯粹的与不纯的之间区分的明确界限。他对纯粹的、哲学的或者理论的东西感兴趣是因为它可以是科学的。这一基本区分在柏拉图的作品里一而再，再而三地重现。

---

[1] *Rep.*, 7: 526.

他说，知识被区分为教养的与创造的，后者又分为纯粹的与不纯的。[1] 科学一般被区分为实用的与纯粹理智的。[2] 算术比较特殊，具有两个种类，其中一类是通俗的，而另一类是哲学的。[3] 作为例证，我们可以举出算术 [科学的] 和计算 [通俗的]。算术处理奇数和偶数 [即，属性]，计算，则不仅处理奇数和偶数的量，而且还处理它们彼此间的数值关系 [即，功利价值]。[4] 哲学的数学要求比通俗的数学更加仔细的鉴别；例如，不可通约的数量不能与可通约的数量混淆；它们相对彼此的性质应当仔细地予以区分。[5] 另一个关于数学的科学研究如何区别于实用或者通俗的例证可以在柏拉图关于数字 5040 的性质的论述中发现，在《法律篇》里，这个数字被规定为一个城邦公民的合适数目。数字 5040 有这样的性质，它可以被五十九个不同的整数整除，而这些除数中的十个是不间断地从一到十。[6]

对于数字性质的研究产生了如此惊人的结果，这必定对上古的思想家们的心灵产生了深刻冲击。这也许就是毕达哥拉斯派的大量神秘主义的基础。柏拉图不遗余力地倡导数学的科学研究——对数字与图形的本质与性质的研究——在数学中，这

15

---

[1] *Philebus*, 55 ff.
[2] *Statesman*, 258.
[3] *Philebus*, 56.
[4] *Gorgias*, 451.
[5] *Laws*, 7: 819-20.
[6] *Laws*, 5: 737-38, 745~47: 6:771; cf. 6: 756.

是精确、不变、绝对。对于数学的各门艺术与科学，他认为那些受到纯粹哲学刺激所激发的学科在精确与真理上占有无限的优势。[1] 但是，他还是会认为只有少数几个人有必要科学地从事数学研究。[2]

柏拉图有多么欣赏数学在确定性与普遍性方面的品质与特点以及通过细致确定的程序方法达到成就的可能，他就有多么厌恶希腊人中间流行的对数学主题的无知的程度。他认为，即使数学家们自己也缺少对于以彻底科学的方式探究数学主题的价值的完全欣赏。但是他认识到数学研究是困难的。

谈到算术，他评论道："你不容易发现比这更困难的研究，与这同样困难的也不多。"[3] 数学的困难，当科学地从事数学时对于精神精确性的要求，也许应当为他称之为"习惯的"对这一主题的无知负责。[4] 在《法律篇》里，主要角色之一被描绘为吃惊地听到希腊人对数学的无知并且"为所有的希腊人感到羞愧"[5]。他们是如此不精确，他们认为所有的数量都可以通约，完全不知道不可通约数——不知道这种知识真是可耻。他们也不知道这两类数量本质的相互关系。[6]

16　　有三条特殊的研究线索可予指出，在这里，在数学上还没

---

[1]　*Philebus*, 57-4.

[2]　*Laws*, 7:817, end.

[3]　*Rep.*, 7-526.

[4]　*Laws*, 7:818.

[5]　*Laws*, 7:819.

[6]　*Laws*, 7:819-20.

有进行过什么真正的科学工作。首先，似乎还很少有人知道立体几何学；也没有导师能够指导这一学科，也没有立志研究它的人能够说出它的用途。这一课题被宣布为处于"滑稽的状态"[1]。其次，他说，对诸天的数学研究是一项无限超出我们现在天文学家水平的工作。[2] 最后，在研究和声学方面，即使是毕达哥拉斯派的研究，其程序也不是足够数学的，因为问题并没有涉及。[3] 柏拉图感到，所有这些主题至今仍然是过于经验性的。

在这里，哲学观点像在别处一样支配了他的态度。他运用了他的全部影响力来推进这些课题沿着理论的、科学的路线前进。[4]

根据原创性解决方案的标准来判断，无疑说柏拉图不是数学家乃是个正确的估计，但是他还是作出了积极的贡献，他还树立了一种品格，这种品格应当与通过原创性解决方案的手段对数学科学的拓展并列。这一贡献是通过他对数学技术施以哲学洞察力的反应而达成的。哲学家的批判能力在当时在所研究的这个领域恰好非常需要。我们必须谨记，算术与几何学当时都处在非常片断零碎的状态。这是欧几里得的《原本》的时代之前。数学还不能恰当地说是有组织的。它仍然是明显粗糙的。诚然，某些非常复杂的困难问题已经得到了解决。这大概更是

[1]   *Rep.*, 7: 528.
[2]   *Rep.*, 7: 530.
[3]   *Rep.*, 7: 530-31.
[4]   见本章末尾注释。

赞赏希腊人天才和少数几个数学家的智力的基础所在，而非数学科学获得高度发展的推论的根据，柏拉图感到了这一点，虽然数学是所有知识体中最精确、最一致的，但仍然几乎当不起科学之名，到此时为止，数学仍然是经验结果与零碎片断（disjecta membra）的集合体。

数学的进步并不只存在于导致对问题的新答案的研究之中。这些问题自身依赖于程序的模式。这些程序的模式最初并没有与它们发生于其中的答案区分开来，它们并未普遍化。每个问题都与过去一样，有着独立的特征，其答案是特定的、是它自身特有的。对这一过程的思考揭示出普遍原理，并导致方法的公式化。这基本上是哲学心灵的工作。正是在这里，柏拉图对数学科学的最伟大的意义呈现出来。他除了对数学有着真正的兴趣与熟知之外，还有着哲学的兴趣，那时正当数学进步到那样一个发展阶段：在这个阶段对于继续前进所必需的下一步乃是去分析数学的概念和过程及其技术的公式化。这一技术在发展时可能被这位专家根据未解决的大问题扭转了方向，因为他有着一种附加的能力，使得他能够在他进行原创数学研究的领域里得到深入的、更惊人的结果。以这种方式，这位哲学家兼数学家成为对推进数学科学卓有贡献的人，难以确定这两者身份之中哪一个是更加真正的数学家。当然，正是柏拉图心灵的哲学品性造就他成为"数学家的缔造者"。

《欧德谟斯概要》（*Eudemian Summary*）说："毕达哥拉斯将几何学改造为普通教育的形式；因为他彻底考察了这一教育的

原理，并且以非物质的、理智的方式研究了它的定理。"[1] 即使我们可以依赖这一描述作为权威，下述说法依然是正确的：在将数学置于完全科学的基础之上的道路上，还有大量的工作要做。即使对于毕达哥拉斯派来说，也仍然有许多神秘的要素有待研究，这些要素因此把注意力从数学研究的自然领域吸引过来，从而对于合理的科学发展是个阻碍。在毕达哥拉斯派之外，理性的与经验的结果倾向于被非常松散地加以区分，而对于经验的结果，附加上了盲目且不当的价值。这可以由求解等腰三角形面积的古老埃及方法来予以例示，这个方法与其他许多法则一样，出自阿默士（Ahmes）的纸草纸经典，后来流传到希腊。根据这一法则，等腰三角形的面积等于底与腰的乘积的一半。当然这在柏拉图的时代也会是实际结果的过分夸大。但是我们也可以由他赋予经验方法的评价得分来判断这类程序的实例当时有多么普遍。

现在，柏拉图对于数学的科学可能性特别热情。从这一观点看来，定义具有极大的重要性。柏拉图已经从苏格拉底那里学到了在伦理学里分析与定义概念的原理。他将这一原理应用于数学科学，坚持对数学的基础概念进行最仔细的研究，导致数学的定义与公理的更加严格、更加明确的公式化。无论柏拉图是否实际完成了多少这一工作，无可置疑的是，他在这一事物上的影响力都是几何学重建的一个决定性因素，这一重建不

18

---

[1] *Gow,* p. 150.

久就在欧几里得的《原本》中收获了如此精确全面的公式化。在许多世纪里，《原本》一直都是文明世界的教科书，并且一直能够将其精神灌注进每一本现代几何学教材之中。

对这一结果，柏拉图在另一个重要的方面贡献巨大。注意到数学中的精确性、严格性和必然结果的可能性并且思考数学程序并使之普遍化，"他将早期几何学家的直觉逻辑转变成有意识且毋庸疑虑的应用。"[1] 值得注意的是柏拉图似乎对于方法与对于结果同等感兴趣，如果不是更多的话。你不可能读到《美诺篇》[2] 里的涉及奴隶少年的例证而不注意这一事实。柏拉图对于推理的过程非常感兴趣。这一点将在另一段叙述里再次予以强调。（参见第47页）此外，在《美诺篇》的这一段落中，他指出数学家对假设的使用不是别的，正是分析的方法。将在后面表明（参见第57页），柏拉图变得如何完全意识到这一方法的基本要素。无论这一方法的发明是否归功于柏拉图，无可置疑的是将这一发明归功于柏拉图的传统基于以下事实：他成功地发展与应用这一方法作为强有力的研究工具。

所有这些在定义的严谨性、仔细过滤与澄清假设的陈述、对过程的分析和概括、逻辑方法的公式化等方向加以改善的倾向乃是赋予数学一种技术，并使得数学更加科学。在这同一方向，研究领域的确定与限制也在趋向同样的改善。几何学的问题被限制在那些能够由直尺与圆规作图构造的范围内。立体几何学的研

---

[1] *Gow,* p. 175.
[2] *Meno,* 81-86, 86-87.

究受到鼓励。[1]天文学还有和声学将被造就为具有数学特征。[2]在柏拉图身上，哲学对于数学的反作用当然在造就数学成为具有科学特征上起到了重要作用。在柏拉图身上，你找不到对于经验方法与经验结果的容忍。在他身上，你也不会发现任何哪怕最轻微的对数学进行神秘应用的倾向的迹象。[3]他总是一而再、再而三地要求理论、纯粹和科学，而反对实用、通俗和经验。他评价数学家们自己就不够科学，天文学与和声学的学生们则不够数学。无论他自己在"数学家"这个字眼的通常意义上是否是数学家，他当然都从哲学观念对数学主题作出了贡献，并且树立了一个理想，此后数学家们在其科学职业中将这一理想奉为圭臬。

19

笔者最初试图在大量细节中解决柏拉图与他同时代的数学家们的关系问题和他对于数学进步的影响的范围和特点问题。但是这一领域已经被伟大的数学史家们如此全面地覆盖了，以至作者认为最好只给出对于柏拉图从哲学观念上对于数学家们的意义的简略普遍的阐述。关于数学本身的深入细节，读者可以参考本书末尾的参考书目。

20

---

[1]   *Rep.,* 7: 528.

[2]   *Rep.,* 7: 530-31.

[3]   这些例子参见《理想国》8:546；《蒂迈欧篇》35-36,38ff，43,53ff。这些例子可能不像它们初看起来显得那么神秘。参见本书第40页（原书页码）。

第二章
哲学问题的公式化

　　柏拉图的哲学在高度复杂的环境中成长起来，这一环境涉及许多相互作用的因素，这些因素既有个人的，也有环境的。要分析他的思想中某些最有意义的与最具决定性的线索，不必假设所有这样分析的线索是在柏拉图自己头脑里有意识决定的。相当常见的是，在一个人思想里的最基本因素是他的整个态度与完整的反应模式的如此巨大的组成部分，以至于他完全没有意识到这些因素在他的精神过程里是决定性的。但是另一个人从外部来看待这些因素，就会清晰地看到、解释并指出它们在心理与逻辑方面的意义。无论读者对于贯穿本书的观点会采取何种态度，本书作为事后分析的尝试的特点绝对不能忽视。为了获得组成部分的意义并且看出它们的重要性的缘故，将组成部分孤立起来，这就产生了组织与重点，这些东西并不必然属于柏拉图的著作，正如他自己对这些著作的想象那样。

　　没有伟大思想家的问题会在他的意识中外在地且突然地

（ab externo and ex abrupto）提出来；这些问题与他的直接环境，社会的与理智的环境，有着某种联系。对他人的哲学观念的反应或者反对的时间自然先于自己的确定的、有意识的公式化。这类反应既是对起因的刺激，又是利于进步的条件。对柏拉图对话的讨论表明，柏拉图熟悉迄今发现的历史上与当时的在希腊流行的所有主要哲学体系。这些体系的细节不在我们此处的考虑之内；但我们必须假设读者对他们有某种了解。这样我们就可以接触某些有特点的概念，因为它们影响了对于我们的特定问题的理解。

早期哲学家们的思索业已导致将注意力集中于某些伟大而有限的概念上。特别是埃利亚派和赫拉克利特派的伟大的彼此相反的态度确实以如此专横的方式支配了思想，以至于不把 涉及存在与创生、一与多、永恒与变化、本质与起源、感觉与思想、意见与知识、表象与真理等等对立的问题考虑在内，就不可能进行严肃而深刻的反思。最初，兴趣在很大程度上集中在外在的客观世界，提出的问题是那些宇宙论与本体论的问题。人的问题——关于灵魂、精神过程、人类活动与行为的疑问——是偶然发生的。当进行讨论时，倾向是从人作为宇宙的一部分的观点来看待这些问题。这些问题被从支配着自然哲学的同样客观的观点来对待。对这些问题的兴趣的存在理由（raison d'etre）似乎在非常大的程度上就在于：要是不涉及这些问题，宇宙论的描述就会不完整。这对于原子论和其他的中间体系，诸如埃利亚派和赫拉克利特派的体系，都是真确的。

在希波战争时易于发生的深刻的社会与政治骚乱打乱了古老希腊生活的常规，并把注意力和兴趣的中心从宇宙论移向人的生活。人的意义被带到意识之中——他的成就、他的能力。政治活动的日益增长的重要性与范围在政治活动培训中为修辞学与雄辩术的研究带来了巨大的刺激。人类心灵与人类行为的问题被带到了注意力的焦点。相当自然，随着一组新问题的提出，在处理老问题时锻造的智力工具又在新问题上经受试炼。标志着过去年代的观点、基本区分、工作概念都在试图定义与解决新时代的问题时予以利用。

就本书所涉及的关于柏拉图的特定问题而言，要求我们加以注意的沿着新线索的第一波运动是业已与"智者"之名相当含混地关联着的领域。我头脑里就此想到的是相对性的哲学，无论它叫什么名字，或者无论什么人在思想里与"流动的哲学"相联系的东西，正如邵瑞教授（Professor Shorey）[1] 相当恰当地描述它为赫拉克利特的"流变"学说和毕达哥拉斯的感觉论心理学结合的产物。我将在下面称这一类型的哲学为普罗泰戈拉学说。

普罗泰戈拉将赫拉克利特关于运动的原理应用于对感觉的分析和解释。结果是关于感官感觉的主观性与相对性的彻底运动的学说。人已经被等同于宇宙的一个特定阶段。普罗泰戈拉比他的先辈们更完整地将原来解释宇宙的原理推广到解释人，

---

[1] 《柏拉图思想的统一》。

世界过程与精神过程在贯穿人的精神生活的整体中被等同起来。感觉与思想、意见与知识是一个世界过程的连续阶段，连续变动的运动的相互作用的产物。知识是感知；感知的相对性就是知识的相对性。在将主观性原理带给意识并从过程的角度来看待心灵生活上，普罗泰戈拉对于心理学作出了非常有意义的贡献；但是他没能在这一过程内部为思想的有效性找到任何坚实的基础。当普罗泰戈拉派将这一"流动的"哲学的原理应用于伦理学的概念时，岁月的美德生于斯、长于斯的习惯、风俗和传统的坚实结构的固定性与永恒性，被缩减为仅仅是惯例的转瞬即逝的波动之流。伦理，就像知识，是主观的和相对的。事物的世界、经验的世界、行为的世界，全都同样臣服于赫拉克利特的"流变"、起源，或者出生的规律。

苏格拉底对于物理学或者本体论的思辨问题并没有深入的兴趣。没有理由认为他特别针对普罗泰戈拉的哲学作出反应。但是他确实针对他那时的伦理混乱与道德松弛的情境作出了反应，这一情境在消极的相对主义类型的哲学中找到了臂助与惬意。他的道德诚实不能容忍伦理概念的毁灭。这些概念必须被重建。如果在老政体之下内在于信仰的道德约束从它们的锚泊处松开，那么这些道德约束必须重新在地下扎根。苏格拉底寻求通过将美德植根于知识之中，来赋予美德以比习俗或者习惯更安全的基础。并非一切事物都在变化规律的控制之下；存在诸如共相这样的事物。他寻求展示的这一事物并非基于任何理论或者思辨的基础，而是基于对人类行为的事实进行考察与分析的基础之上。他发现至少工匠有关于善的标准。鞋匠、甲胄匠、造船匠、兵器匠等等，事实上，每个工匠都力图为达到某种卓越的标准而工作，即使他没有参照更加终极的目标为他自己设立这种标准也罢。这些人在他们有限的与封闭的领域内达到善的成功依赖于他们拥有知识；这是一件他们知道的事物。他们的知识和他们的美德，或者卓越，是一体的。政治家或者国务活动家的大麻烦在于他不知道国家的善是什么，因为他不知道国家的本质和目标。一般人们的大麻烦是他们根据惯例或者习惯行事，没有意识到他们行动与之协调的原理，当他们实际无知时还自以为聪明。所以苏格拉底想象他的使命就在于询问人们直到他能够向他们表明他们自己的无知，并使得他们去追求变得更聪明。苏格拉底的伟大伦理学意义就在于这一事实：他将道德造就成为个人的事情，而非习俗的事情。对目标的知识，而非模仿、亦非传统、更非风俗，乃是它的基础。他认识到主观的因素，但不是以与普罗泰戈拉派同样的方式。

像苏格拉底一样，他的学生柏拉图的主要兴趣也是伦理与实践。我会坚持这一观点，尽管事实上，柏拉图将许多时间与空间奉献给了对许多抽象深奥的形而上学问题的讨论。无疑，他有着对理论问题的迷恋；但是，作为通则而言，对这些问题的讨论是为了将更强的光芒投射到某一伦理的或者其他实践的人类问题之上。柏拉图采纳了苏格拉底将美德作为知识的功能的伦理学观点。但是将技艺的类比推进得远得多。他不满于让普罗泰戈拉派提出的理论问题不受触动地招摇过市。如果像苏格拉底所主张的，美德基于知识的基础；并且如果同时，像普罗泰戈拉派所主张的，知识是感官感知和相对的事物，那么苏格拉底就处于与他开始寻找安全的伦理约束时同样令人遗憾的困境之中。伦理的基础只要滞留于变化的领域就不会安全。在逻辑上先天的基础上，伦理学的要求是具有永恒不变性质的知识。那么对柏拉图来说问题就是：是否存在任何这样的知识？对伦理问题的解答引导他跨越进入认识论的领域。

普罗泰戈拉在赫拉克利特因素的刺激下，业已将感官感知与知识等同起来。柏拉图为了赋予伦理学以安全的逻辑基础，将再次认识到埃利亚派的因素，并在感官感知与知识之间建立界限，将这两个因素都带进他自己的体系，并决定性地强调埃 24 利亚派因素的知识的价值。他一般承认感官感知的不充分性，并且寻求在其他地方为知识找出更安全的基础。但是至于说感觉的整体相对性，至少在《泰阿泰德篇》（171）里有一处暗示，他不认为这一学说是真的。在《理想国》（7：523）里，他有这样正面的陈述："我想说感觉的对象有两类；其中有些不需要思想，因为感官就是它们的合适法官；而对其他对象，感官是如此不值得信任，以至深入的探究是必须要求的。"这一深入的探究的本质将在后面涉及。我在此要特别提出的是这一事实：柏拉图确实赋予了感官某种正面功能，但是与此同时，他并未将感官感知等价于整个知识过程。还有合适与不合适的疑问，这一疑问必须由某种更高的功能来予以解决。必须在较低与较高，感觉与思想之间建立界限。

进而，柏拉图主张存在不通过感官的知识。他在《泰阿泰德篇》里提出了这一观点。感官是特殊的——与看相关的眼睛，与听相关的耳朵，等等。但是我们拥有的普通观念并不因此在特性上特殊。我们的知识包含存在，或者本质的观念和非存在的观念，包含相似和不似的观念，包含相同与不同的观念。诸如这些——抽象、共相或者体现在比较的结果里的——观念不能通过任何身体感官获得；它们是被灵魂感知的。[1] 因此必定在感官与理智之间存在着一道界限。知识并不必然与感官感知等同；它会在更高的官能里有其基础，并且具有存在的世界的永恒与稳定特征，与变化的世界的通过感觉过程发现意识表象的特征相反。

我们现在处在这样的节点，在这里我们可以开始具体研究数学要素在柏拉图思想中的意义。在逻辑的基础上，伦理的要求需要并不臣服于赫拉克利特的"流变"或者变化的规律的知识来源。因此，普罗泰戈拉将感觉与知识等同的立场必须予以推翻。在感觉与知识之间建立界限就已经推翻了这一立场。已经论证，存在着一类并不起源于感觉的知识，并且在感觉涉及知识基础的地方也许也存在更高能力的运作。柏拉图通过诉诸数学来完成对这些观点的论证。甚至可能恰恰是数学赋予了他这一论证思路的第一条线索。当然，引进来自数学的论证使得对他的立场的证明如此清晰惊人，以至这一立场具备了一个新

---

[1] *Theaet.*, 184-86.

证明的所有力量，而不只是同样性质证明的那点力量。

要了解数学论证开始的最佳地方是《理想国》里的一个段落。这可以概括如下：感觉的对象有两种类型：（1）那些感觉是适当的裁断的对象，因此它们不需要邀请思想出场；（2）那些感觉不是适当的裁断，因此必须邀请思想出场的对象。这第二种情况是同时从同一对象接收到彼此对立的印象；例如，对于触觉同时既硬又软；或者对于视觉同时既大又小。因此就产生了一个冲突。这一感觉的冲突标志理智冲突的开端。因为两个性质不同、彼此独立的印象已经被接收到，问题就出现了：这两个印象是否能够来自同一个对象，或者是否不存在两个对象。灵魂被置于最高法官的位置并传唤他的助手：计算［一个理智原理］来决定所宣判的对象是一个还是两个；并且因此提出了在可感知的与可理解的对象之间的区分。当心灵已经涉足启蒙、分析和解释彼此冲突的多重现象，那么对这些对象来说感觉就不是合适的裁断了，一与多的概念同时出现，而思想就被唤醒来寻求统一。[1]

因此，根据柏拉图的说法，感官与理智之间的区分是通过反思的过程产生的，这一反思是受到涉及矛盾与冲突经验的感官感知的困境的刺激而出现的。这一困境只能通过引进数学过程来解决。但是，一旦这一过程被引进，感官与理智之间的区分也就已经呼之欲出了。数学思考并非只要存在感官经验的混

---

[1] *Rep.,* 7: 523-25.

乱就会开始，而只有当理智的冲突已经被激发，而心灵也已经被置于探究的态度时才会开始。进而，这些数学概念虽然在某种感官经验的刺激下被揭示，但它们自身并非来源于感官。它26 们也不可能来源于感官；因为感官是特殊具体的。柏拉图没有为这些概念发现分别的感官，并且他的结论是这些概念是由灵魂独自感知的。[1]

因此，数学思考起源于感觉与理智之间的区分，这一区分也是数学思考所必需的；因为要是没有这样的区分，数学思考就不可能。但是对柏拉图的头脑来说，他永远也不会怀疑我们确实在数学思考里还有真正的知识过程。当柏拉图转向数学思想的研究并观察到在那里发生了什么时，由于再次论断感官经验与理性过程之间的区分，用于推翻普罗泰戈拉立场的逻辑上先天的要求，就获得了具体的内容。从一个业已接受的与无可怀疑的知识领域的观点看来，这是正当的、必需的。但是我们没有被授权说，基于《理想国》的这一段落，柏拉图想象这一区分是在"知识"这个字眼的最宽泛的意义上的绝对区分。

《理想国》里的另一段落在展示可感知的与可以理智理解的东西之间的区分作为数学要素的效用上还要更加清晰。这一段落也在某种程度上澄清了这一区分的工作本质。这一段落可以概括如下：

---

[1] *Theatetus*, 185.

从近处看来物体显得大，而从远处看来显得小。同样的对象在水外面看起来显得是直的，而在水里是弯曲的；凹面变为凸面，是因为视觉易于受到关于颜色的幻觉影响。因此每种混乱都被揭示处于我们内部。但是测量与计数与称重的艺术赶来拯救人类的理解力，外观的或大或小，或多或重，不再对我们具有神秘感，而是要在计算和测量和重量面前让路。而这一点确实必定是计算与灵魂中的理性原理的工作。而当这一原理测量且保证某些事物相等，或者又测量且保证某些事物大于或者小于其他事物，那么就发生了一个明显的矛盾。但是这样一个矛盾在实际上是不可能的——同样的官能不可能同时对同一事物有着相反的意见。那么灵魂的有着与测量相互矛盾意见的部分就不等同于灵魂的与测量意见一致的部分。灵魂的更好的部分 [即，理智，或者理性] 就似乎是信任测量和计算的部分。而与此相对的部分 [即，感官感知] 是灵魂的具有较低原理的部分。[1]

在此表明，数学的测量原理以其形形色色的形式带来了理智控制的要素，并且在这一控制被引进的地方，我们有着比仅仅来自感觉的推断更大的确定性。数学的这一排序与控制的功能将在后面联系技艺的类比予以深入的讨论。我在此指出这一点仅仅是暗示，这赋予我们一个征象，柏拉图提出感觉与理智之间的区分，不仅是为了在可感知的与可理解的东西之间维持

---

[1]　*Rep.,* 10：602-3.

严格的分野的缘故，而且他还要找出较高的原理来裁断与控制较低的原理。采取数学形式的原理的认知方面非常不同于仅仅采取感知形式的原理的认知方面。我们可以看到，在柏拉图的头脑里，不仅数学确实影响了可感知的与可理解的东西之间的区分，他还暗示数学要素的出现是一个事物作为知识的价值的标准。当柏拉图一旦获得了这种数学观，它就改变了他关于技艺与科学的整个概念，正如我们在后面将要看到的。它也有着非常有意义的本体论意蕴；因为在柏拉图那里，认识论与本体论是非常紧密地捆绑在一起的。我要顺带指出，将数学要素作为知识的价值标准的观点是作为基础为理念论学说服务的。

柏拉图的思想线索是如此紧密地编织在一起，以至从这一点开始，我们可以追随这些线索进入几条不同路线中的任何一条，并且我们的问题也可以在很大程度上同样来解决。无论如何，随着技艺的类比在他的所有思考中起到了如此基础的作用，在此刻部分地解决这一问题也很好。这与伦理问题有关，以至技艺的类比给苏格拉底的头脑留下了如此深刻的印象。这也是柏拉图对于技艺与工匠阶层的兴趣的最重要的源泉。现在对于我们有意义的要点是，苏格拉底和柏拉图都在技艺中确定地看到了善的实现依赖于某种尺度的知识——至少是关于直接目标的知识。苏格拉底陈述了这一原理，但是我们不能说出他在何种程度上得出了其基本原理和技术。也许并不太远。柏拉图迫使技艺的类比承载越来越多的目标，他也在实践与认识论

28

两方面解决了这一技艺的问题的方法侧面。从实践的侧面开始理解技艺的类比对柏拉图的逻辑意义将会更容易，因为更自然。花一段时间跟踪本体论问题将阐明逻辑问题，或者认识论问题。

从本体论的角度看来，对所有技艺共通的地方是它们都涉及生产这一事实。这不仅对简单的产业是真确的，而且对于国家的统治者也是如此。他的技艺也涉及生产。[1] 生产牵涉运动，牵涉摧毁以一种形式存在的东西，分解它、切割它、造成新的凝聚或者组分关系上的某种变化，从而产生形式的变化。这是变化的过程。技艺似乎完全处于赫拉克利特的"流变"规律的笼罩之下，然而柏拉图将在这里找到埃利亚派的一个永恒要素。在最低的水平上所生产的东西会是偶然形成的东西，或者某人的幸运猜中的东西，但这不是技艺。[2] 技艺牵涉对某一控制原理的练习，"试凑"法过程不是技艺，仅仅程式化的技艺也不是。生产作为技艺不是随机的事物，而是符合数学原理的东西。[3] 所有技艺与科学都分有数学。[4] 数学将理智控制的要素引进生产过程。流动的感觉世界在其所有形形色色的形式中臣服于测量，因此成为更高的秩序、美与和谐的世界的臣民。我们不仅仅拥有一个变化的世界，它的一切都是完全不可把握的；也不仅仅

[1] *Statesman,* 261.
[2] *Philebus,* 55.
[3] *Statesman,* 284.
[4] *Rep.*, 7: 522.

拥有单一纯粹的存在的世界，它的一切都是孤独的庄严。在技艺里这两个限度通过数学要素被融合为一个有秩序的整体。

现在，我们要获取这一点的理智意义。技艺，所有的生产过程，都直接或者间接地涉及人类需要的满足。"需要"这个字眼是含混不清的，恰恰在它的含混不清里，对于它所适用的情境来说，它是真实的。存在着一种身体的和一种心理的影响。在最低的水平上满足一种需要涉及一种需求和对这一需求的迎合，全都处于同一行动的统一体内，毋庸两个限度之间的任何中间过程。但是当需要不能为对刺激的直接反应所满足时。那么需要就采取心理学形式的稀缺意识。用本体论的术语来说，这就相当于不存在。这一情境的张力会通过某种机缘或者随机活动或者某种外在模仿的过程得到缓解。这一重复造成了习惯或者程式。在这些环境下的生产的过程整体都会是经验的。存在某种感觉，凭借这一感觉我们因此将会拥有技艺。存在某种方法，工人拥有这一方法来达到目的。存在某种感觉，以这一感觉他据说了解如何获得某种结果。但是柏拉图不会管这叫技艺。这一过程并未以理智加以控制。只有数学能引进这一控制。因此反应并不直接跟随着刺激，它也不会不经对于某种程式渠道的注意就流失掉。在心理侧面也像物理侧面一样，生产的过程是参照一个目标来中介与控制的。意识的状态不仅仅是"流变"。这些状态依照一个原理获得秩序安排。我们有技术来取代程式，有控制或者能力来取代运气，有理性方法来取代习惯、风俗与模仿。在心灵侧面也像身体侧面一样，生产的过程不再仅仅是变化，而是技艺（τέχνη）。这不仅涉及关于目标的知识，而且也涉及那种形式的理智控制：将手段与目标通过规范的一系列步骤有意识地在一个过程里等同起来。这就是数学能够让人们在生产过程里做到的事情。它根据目标赋予知识与对过程的控制。

无论柏拉图能否得出有关技术技艺的完整心理学，他确实获得了大量关于这些技艺的理智意义。通过对于数学要素的意义的理解，技艺的类比对于他来说，变得不像原来对于苏格拉底那样，仅仅是个类比。他在自己的头脑里有一类理智控制的清晰工作图像——一幅充满对于高于感觉的知识之可能性的暗示的图像，这一知识可以掌握与统一转瞬即逝的浮动的感觉多重性。

在工业技艺的心理学的基础上，涉及数学控制的理智原理，柏拉图会再次达到感觉与理智之间的区分的概念化——这一次是以比已经在数学要素着手解决感觉冲突的例证里所指出的更清晰更具体的形式（参见第 26 页）。经验的世界，就其认知的方面来说，会落入两个主要的类别 [1]——所有那些属于意见（δόξα）的事物与所有那些属于理性过程或者理智（νόησις）的事物。从客观侧面看来，这一区分将对应于感官感知的对象所是的东西（τò ὁρατόν——可见的在这里是一个代表所有可感知的符号）与思想的对象所是的东西（τò νόητον）形成的对

30

---

[1] 在这里我使用了《理想国》6: 508-11 里的术语。

照。让我们看看这一点如何从对技艺的研究中发展出来。在第一个地方，那些以程式或者经验法则工作的人可能对他们的程序方法给不出理由；他们不能以任何理性原理的眼光来看待它。从这一观点看来，他们只有资格拥有意见。他们要么遵从另一个人的法则，要么由一系列感觉经验的联合来引导，他们以前经历过这些东西来获得同样的结果。即使他们会从事有技术的真正的技艺，这一技艺已经通过引进数学要素被带到理智控制的法则之下，但是，就他们自己的意识所关注的范围而言，这一技术可能会仅仅是程式，而他们可能自己根本没有意识到任何理性的控制原理。如果这样的话，就不能说他们在更高意义上拥有知识，而只有意见。这就是绝大多数的工匠阶层的状况，正是这一事实使得柏拉图将他们的地位安排得如此之低。可以确信，他们的技艺基于更高知识的原理，但是他们自身并不具备这一知识。可以看到，在技艺里，知识不仅包含达到某种目标的能力，而且包含深入目标赖以达成的过程的洞察力，在观念上建构这一过程从而直接达到这一目标的能力以及理智控制这一过程的能力。意见即使在最好的情况下，也不是知识。匠人在他生产的过程中的事务上可能会有真确的意见，但是在他的意识的认知方面与了解理性原理并且能够给自己建构方法的人的认知方面之间存在着区分。前者是意识的感知类型，后者是意识的纯粹理智类型。

现在，我们已经走得足够远去看看柏拉图如何达到高于感官感知的知识类型的概念化。我们也已经看到数学在他超越普罗泰戈拉—赫拉克利特的认识论的工作时发挥了多么大的作用。确实，这一工作尚未完成；但是，因为伦理学与逻辑学的问题如此紧密地与柏拉图的思想交织在一起，也许最好在此收集某些伦理学意蕴。这样做，我们将更好地看清推动柏拉图将他的认识论拓展到辩证法之极限的动力是什么。

根据苏格拉底的公式，道德行为，即善的达成，乃是知识的功能。他通过技艺的类比来说明这一点。柏拉图也举出这一类比，并且做了两件事：（1）他业已表明：技艺赖以成立的知识属于比感官感知更高的类型，因为它通过数学要素发挥作用，所以包含有裁断与控制感觉多重性的权力；（2）他已经分析了在生产中达成善的过程，并且已经发现所涉及认知因素的意义就在于以下事实：这里使用了理性的方法或者技术，而使得这一点成为可能的是数学，因为数学理智地使手段适用于目标。将这一分析的结果应用于伦理问题，并不足以说美德就是知识，甚至你也不能说美德就是关于目标的知识。科学的伦理学必须满足进一步的要求。行为，如果在科学的意义上被认为是道德的，必定包含更高类型的知识，这一知识意识到了它自己的技术，并且因此能够以这样一种确定产生善的方式来控制一个情境的要素，而不仅仅是猜测它，或者冒着失败的风险去打破习惯或者程序。

苏格拉底和柏拉图两人都观察到，在他们周围，善与任何推进权力的原理相孤立而存在，也不能被带到来自知识的控制之下。查米德斯是温和的，但他不知温和为何物；莱西斯是个朋友，但他不能定义友谊；如此等等。修希底德和阿里斯蒂德的举止高贵，但他们不知道如何把高贵传给他们的儿子，梅里希阿斯和莱西马库斯。[1] 为什么他们不能教这些？苏格拉底认为美德是知识，然而，如果是知识，那它就能教。柏拉图表明了，为了让美德可教，必须满足的那些条件。所教的美德必须并不完全嵌入习惯、程式或者风俗。它的理性原理必须为人所知，它的过程的技术必须业已获得。教育是一个生产的过程；教授美德，就像教授技艺，意味着控制一个过程的能力，而控制这一过程，在这一字眼的任何科学意义上，意味着对其技术的知识。美德的实践包含着同样的原理。其道德举止仅仅受到习俗约束的人，与完全依赖程式的工匠一样，处于同一属于意见与经验的水平。每个人在他自己的范围内可能达到善；但是这一结果不确定、不牢靠、易于犯种种错误。只有能够控制这一过程的人在"美德"这一字眼的任何真正的或者科学的意义上拥有美德。我或许已经超出了柏拉图的言辞，但是我在试图以他言辞的精神阐明他的问题。

在伦理行为中除了知识与技术之外还有另一个其他的知识因素，那就是关于目标的知识。苏格拉底提出了这一点，而柏拉图强调了它。即使当工匠提升到对于他的技艺的基础拥有理智理解的更高水平，他也仍然处于较低的伦理水平。他被限制在自己关于目标的知识范围之内。因此，他可能以理智运用手

---

[1] *Laches*, 178-79.

段为达到目标所做的一切，只与他眼界里的目标有关，这一目标也有可能是至善。但是，无论这一目标在多么深入、遥远、或者终极的意义上是善，他却并不知道这一点。他把他做成的东西转交给另一个人来使用。他也许在做鞋，但是无论穿鞋是否是善都在他的控制之外。医生也许凭借他的技艺知道如何拯救生命，但是他不知道对人来说，生死哪样更好。船夫也许可以将你安全载过河，但是也许你应当淹死更好。柏拉图举出的这类例子数不胜数。完全科学的伦理必须同时考虑目标的知识和过程的知识。从这一观点看来，我们就能够理解柏拉图对于智者、律师和政治家的诸多抨击。智者娴于教授修辞学、雄辩术、美德；但是他对于高贵的技艺的本质了解得比鞋匠对于做鞋知道得还少。我们请专家来评判一件乐器、一副铠甲、一种症状；但是我们被要求将道德教育和国家行动上更大的利益转交给对于即将担当的技艺的过程与目标一无所知的人。柏拉图的伦理要求是，美德将基于对于跨越人类活动的整个长度与宽度的知识。人类关系的体系，社会的、产业的、政治的，都应 33 当符合一个秩序，在这一秩序下，最高的阶层应当体现伦理行为的完全科学的标准的理想。对上述观点的例证可以在《高尔吉亚篇》455 与 511 里找到。

关于目标和技术的完全的、互惠的知识不会在任何技艺中发现，也不会在技艺的基础中作为理智控制原理的数学要素里揭示出来。数学要素所揭示的只是，在这一要素已知的情况下，理智地控制实现目标的过程的可能性。认识论的问题对于柏拉图而言，还没有推进得那么远，使得他足以将伦理学建立在他所要求的理性的、科学的基础之上。我们直到能够通过采取一般的知识的方法或者技术将逻辑问题推进得更远时，才能抵达伦理问题的终点。

在讨论方法之前，最好还是在柏拉图对数学要素的概念化里回溯并找出某些业已加以暗示的深层含义。有三个主要课题将有待思考：数学对于他的科学概念的影响，数学在他的宇宙论里的地位，以及数学与理念论的关系。

科学在柏拉图那个时代还处在幼年期，对知识的组织除了在数学的某些部分中之外，几乎在哪里都不能称之为科学，而即使在数学里，也有许多东西是完全经验的。但是，柏拉图从数学里获得了关于对物质的理智控制意味着什么的概念化。我们业已指出（参见第28页）这一理智控制包含知识中的埃利亚派因素，这使得这一理智控制优于感觉的"流变"法则。通过数学要素，可以达到某种持久、有效、普遍的东西。柏拉图想象其他知识门类的组织可以被塑造为科学的，只要程序基于数学原理，只要引进测量与数字。正是从这一观点出发，他批评他那个时代所进行的和声学与天文学研究。天文学要成为科学，必须不仅只是观星。天体被想象为依据数学定律运动。达到天文学真理的合适方法是从数学问题的侧面去研究这一课题。对和声学也一样。单纯依赖耳朵的经验方法并不够。绝对的节奏、完美的和声是数字关系的事情；达到它的方法是数学问题。[1]

业已指出，柏拉图想象所有的技艺与科学都基于数学基础
（参见第 29 页）。现在，他进而认为，技艺利用的数学要素越
多，技艺分有的知识的本质就越多，这些技艺就变得越精确越
科学。实际上，各种技艺可以基于它们利用数学的范围来分级
与排序。他在这些方面的立场可以以《菲力布篇》的一段来例
示，这一段我概括如下：

在生产或者手工的技艺里，其一部分更近似知识，而其他
部分则不那么近似知识；一个部分可以被视为纯粹，而其他部
分则不纯粹。这些可以被分开。如果将算术、测量、与称重从
任何技艺中抽取出去，那就不会剩下什么东西了。其余的只有
猜想，除了某种猜测能力之外，还有经验和实践赋予的对感官
的更好利用，这通常被称为技艺，可以通过专注与磨炼来完善。
例如，音乐就充满了这种经验；为了让声音和谐，不是通过测
量，而是通过巧妙的猜想；长笛的音乐总是试图猜测每个振动
音符的音高，因此混杂了许多怀疑的东西，而只有很少确定的
东西。而同样的东西也会在医药和家计和领航和将才中发现。
另一方面，建筑师的技艺，运用了一些测量与工具，借助它们
的帮助，达到了比其他技艺更大程度的精确。在造船与造房时，
以及在木匠技艺的其他分支里，建筑师有他自己的直尺、车床、
指南针、线和一台最灵巧的机器用于矫直木料。这些技艺可以

---

[1]   *Rep.*, 7: 529-31.

被区分为两类：像音乐那样结果不那么精确的和像木工那样结
35 果更加精确的。[1]

有趣的是，注意到他继续从那些更精确的技艺中筛选数学
要素——算术、称重和测量——这些技艺的精确性依赖于这
些数学要素，而要考察这一点涉及数学要素的认知与科学的特
性。柏拉图已经从数学中获得了以下概念化：知识体的科学特
性依赖于通过数量原理实践理智控制的能力，此后，他继续工
作，并将这一概念化应用于数学本身。他要求通过严格应用数
学自身的原理将数学造就成为科学。这后一观点并不具体出现
在《菲力布篇》的这一段落中，而是这一观点所涉及的区分的
原理被使用。他注意到了在通俗的算术与哲学的算术之间的宽
阔鸿沟。在前者那里，是通过使用不相等的单位来计算的；"例
如，像两个军团、两头牛、两件非常大的东西或者两件非常小
的东西。"这也就是，所使用的单位不是基于测量的原理来决定
的。"与他们对立的党派坚持说一万里的每一单位必定与每一其
他单位相等。"在精度上这一同样的差别也存在于用于建筑的测
量法与哲学几何学之间，也存在于用于贸易的计算方法技艺与
精确计算之间。总结这些情况的结论就是那些涉及算术和测量
法的技艺超出所有其他那些技艺，而在这些进入了它们纯粹的
或者科学的形式之中的地方，在精度与真理上存在着无限的优

---

[1]   *Philebus*, 55-56.

越性。[1] 因此，如果数学被造就成科学，那么数学自身就必定基于它自己的严格原理。只有当以哲学家的精神来追求数学时，数学才能达到它真正的认知功能，抵达科学的知识。[2]

总结一下数学对于柏拉图的科学概念的影响的讨论，我们会以概括的方式说出两到三点。他认为每一技艺都有其科学侧面，即使是兵法，对此我们没有具体讨论。[3] 这一科学的侧面随着通过运用数学而将技艺缩减为理智控制的范围不同而变化。这一科学的侧面也与技艺本身有关，这些技艺也被事实的理性这样看待：它们是知识体，其精度与效度是由过程的数学方法予以担保的。

36

在柏拉图的宇宙论中，数学扮演了与在技艺中同样的工具性与中介性的角色。宇宙论问题只是从本体论问题中拓宽出来的。我们业已在某种程度上从与技艺类比的关系中讨论了本体论问题（参见第29页）。在那里，宇宙论问题还没有出于它自身的缘故而被置于本体论问题投射到知识与伦理问题的光芒之下。在那里，我们看到，技艺与生产相关，在变化与存在之间的仲裁是由数学要素担当的。埃利亚派的永恒要素在数学要素控制变化的转瞬之流时得以保持。我们现在不得不将同一问题置于其更普遍的形式之中。

赫拉克利特—埃利亚派关于变化与存在的对立已经为坚持

[1]　*Philebus,* 56-57.
[2]　*Rep.*, 7: 525-27.
[3]　See *Rep.*, 7: 522, 525, 526, 527.

元素学说的哲学家和其他那些预设了原子的哲学家消解为终极永恒的与不变的存在。生成与衰败基于这些原初元素复合体的集成与瓦解来予以解释。正如在技艺中生产的情况一样，柏拉图也在普遍的情况下在变化中看到了比这一点更多的东西。在《斐多篇》里，他暗示了他对以分离与集聚，以任何仅仅增加或者减少的原理，来解释生成与衰败的不满。他讲述了他如何拥有对于生成与衰败问题的青春热情（96），但是他如何不久就遇到了各种各样的困难。这是他对这一经历的叙述：

过去有段时间我想我清楚地懂得了多与少的意思；当我看到一个高大的人挨着一个矮小的人，我想象一个比另一个高一个头；或者一匹马好像比另一匹马高大；我还更清楚地似乎感知十比八多二，两腕尺比一腕尺多，因为二是一的两倍。

我现在早已不再想象自己了解任何这些问题的原因了，老天在上；因为我不能满足于当一加上一，被施以加法的那个一变成了二，或者两个单位被加到一起根据加法的理由造成二。我不能理解，当与另一个分开时，它们中的每一个如何都是一不是二，而当它们被带到一起时，仅仅它们并列或者相聚如何就应当是它们变成二的原因；我也不能理解，将一分开如何就会造成二；因为这样，不同的原因就会产生相同的结果，就像在前面的加法和一和一并列是二的原因的例子一样，在这一例子里，将一与另一个分

37

离和减少会是原因。我不再满足于我理解为何一或者任何其他的事物究竟要么出生要么毁灭要么恒存，但是我在头脑里有关于一个新方法的某种混乱概念，却从不能赞同其他方法。（96-97）

这是一个非常难以翻译的段落。显然，他从一个观点引导出关于目标的问题。他感觉到他那通向最终原因的道路关乎物理世界的根本。这从他在紧接着的一段对善的原理的阐述里可以明显看出。但是，在这一整体的最终原因的问题之内，降临了这一生成与衰败的问题，这一变化的问题。正像他将不满于对物理宇宙的因果解释一样，那是由阿那克萨哥拉和其他人给出的；他也不满于对变化过程的解释，这一解释仅仅从聚集和并列的角度来看待这一过程。他以这一问题的最精确形式提出了这一问题，在此它影响了人们对于关系的概念化。柏拉图似乎指出，当他着手解决这些矛盾时（101），这些矛盾起因于以下事实：解释生成与衰败的原理——例如，一边是聚集和并列，另一边是分解和分割——并不是数学原理。如果它是数学原理的话，它不会在处理关系的时候引起那么多混乱与矛盾。参与进数字对于变化的过程是必不可少的。无论我们对于柏拉图表达变化过程背后的这一数学原理的形式赞同与否，在此应当注意的基本点是：他似乎正在为数学造就在整体变化过程里发挥作用的功能。

在技艺中，秩序和决断通过关于数字、测量和称重的数学原理被引进生产过程。《蒂迈欧篇》里的段落会展示出，柏拉图关于整个宇宙过程也有着大体相同的概念。我们不能深入《蒂迈欧篇》所勾画的宇宙论的细节，但是只撷取少数几个最有意义的观点用于我们的目的。数学要素被造就得非常突出。两到三个例证将足以展示出其原理。

我们将从他关于物理宇宙的元素的概念化（53-57）开始。他从传统的四大元素：地、水、风、火，开始。早期的物理哲学家曾经在这些元素转化的基础上解释变化，但是他们没有那一过程的合适技术。柏拉图承担起在数学基础上创造出一种技术来解释这一过程的重任。这些元素里的每一个自身都由三角形构成，所运用的特定的数学原理是关于规则立体的构造——正角锥体、正八面体、正二十面体和立方体。立方体是地元素的形式；正二十面体是水；正八面体是风；而正角锥体是火。这些不同元素的稳定性、机动性、可分解性依赖于它们的形式和它们的构成所涉及的三角形的关系。这些全都可以用一个数学公式来表达。关于元素本质的描述为真的假设依赖于"可能性与示范的结合"。这些原理先于"只有神知道"的三角形，"而作为人的他是神的朋友"。因此，不难看出，三角形自身不被认为是终极的，它们是工具性的和中介性的。数学要素正如在技艺中一样，在这里也作为控制的因素出现，就像使得技术成为可能，赋予控制手段以与目标相关的威力，赋予从变化中带来存在——即，使得变化不仅是随机的、不停的流动，或者"流变"的过程，而实际上是生成的过程——的威力一样。

有趣的是注意到这四大元素自身也处于彼此的数学关系中（31-32）。在最致密的与最疏松的元素之间插进了两个中间值元素，作为连结的纽带，火与风的关系就像风与水的关系就像水与地的关系。普遍的世界灵魂的创造也被想象为是采撷相同、相互与存在的元素构成，将这些元素依据确定的比例结合成一种化合物，柏拉图熟悉这一方式，就像和声的基础中所蕴含的那样（35-36）。天体的运行，及其所有的差异与复杂，也都依据基于数学原理的结构来予以解释（38-40）。

在《法律篇》里 [1] 也暗示了成长与衰败的过程涉及数学的原理。柏拉图在这一联系中谈到运动的按比例分布，他也使用了一幅几何图来描述创造的过程，从最初的原理增加到感官可以感知的体积。在另一处地方 [2]，他针对不敬神的指控为自己辩护，坚持采取对宇宙的数学概念化。

现在，所有这些的结局就是，当柏拉图将数学术语与数学图像用于讨论宇宙论问题时，他并不仅仅把它们当作图像，或者以一种神秘的意义来使用它们。他是正在数学对于物理宇宙的应用中贯彻他力所能及的具有数学意义的概念化，他从生产过程所涉及记忆中学到了这一概念化。数学原理对于神的创造性活动与对人的建构性活动同样是必不可少的。神和人在这方面同样处于必然性的控制之下 [3]，这一必然性是理智或者头脑的

39

[1]   *Laws*, 10 : 893-94.
[2]   *Laws*, 12 : 966-67.
[3]   *Laws*, 7:818.

必然性。[1]

对于柏拉图的宇宙论中，以及一般而言，他的思想中，数学的地位的这一解读，无论这一问题是否与变化、生成或者生产相联系，这一解读都使得我们看到他著作中某些章节的庄重与睿智，否则这些章节是非常令人费解的。在这些章节中有《法律篇》中的某些段落，业已在另一关联中予以提及。[2]在这些段落里，我们可以看到他试图依据科学原理来组织国家，试图通过应用数学原理来引进理性控制的要素。在涉足自然时要敬重数学关系。在其他情况下，就像在数字 5040 的应用中一样，特定的数字也许并不重要，但是它所阐明的原理很重要。

同样类型的更加奇妙的例子来自《理想国》[3]。在此想象国家的不朽可能无限地获得，只要统治者们有智慧理解掌管生命诞生的数学原理；因为这样的话，统治者们就会控制善与恶的诞生，结果就能够只允许那些有益于国家的生命诞生。

柏拉图的宇宙论的进一步发展暂且在此搁置。在对方法的讨论之后再接触这一主题（参见第 91 页）。在转向方法的问题之前，还需要简略地讨论一下数学与柏拉图的理念论的关系。

业已提出了数学使之成为必要的两个区分：其一，在内容，或者知识的对象方面，也就是说，"可感觉的"（τὸ ὁρατόν）与

---

[1] *Laws*, 12 : 967.
[2] See *Laws*, 5 : 737, 738 ; 745-47 ; 6 : 771 ; and cf. 6 : 756.
[3] *Rep.*, 8:545-47.

"可理解的"（τὸ νόητον）之间的区分；其二，在官能，或者
精神活动，或者过程的方面，也就是说，"感官"（δόξα）或者
意见与"理智"（νόησις）之间的区分（参见第 26 页）。一种
价值的区分也出现了（参见第 28 页），它倾向于理念论，亦即，
缩减感觉而夸大理性。柏拉图哲学的一个人们熟悉的事实就是
他夸大那些通过精神功能而来的东西到最高的等级，无论这一
精神功能是理性还是灵魂的直观，并且认为仅仅通过感觉获得
的或者从经验导出的东西不分有科学的特征，也不值得称为知
识。[1] 这一向理念论观点的转变同样专注于逻辑上的和数学上的
先验的观点。只有在这两种观点的相互作用中，数学要素才获
得了它最深刻的意义。正是因为理念论对事物的阐释如此强烈
地吸引了柏拉图的注意，指引他沿着这一方向去寻求他的哲学
问题的答案，以至他被数学的理念论迷住了，并且如此热情地
指出它与理解它。

数学的理念论澄清、启发了柏拉图的理念论要求，赋予这
一要求以力量和内容。这既出现在这一主题的过程中，也出现
在其内容里。撷取以下陈述作为证据：

算术技艺的大师们关注那些只能在思想中实现的数字，这
些数字是应用纯粹理智于达到纯粹真理的过程中所必需。[2] 算
术必须研究到只凭借头脑就看到数字的本质的地步。[3] "测量的

---

[1] *Rep.*, 6:510; 7: 527, 529, 530-31, 523.

[2] *Rep.*, 7: 525-26.

[3] *Rep.*, 7: 525.

技艺会排除外观的效果，并且显示出真理，最后还会乐于教授灵魂找出其余真理。"[1] 算术强迫灵魂就抽象的数字进行推理，并且反对将可见的与可触的对象引进论证之中。[2] 几何学家们，"虽然他们利用可见形式并就这些形式进行推理，但思考的不是这些东西，而是这些东西与之相似的理念；不是他们画下的图形，而是绝对的正方形和绝对的直径等等——他们所画或者所作的形式，在水里有着它们自身的阴影与倒影，这些形式被他们反转到图像里，但是他们实际寻求的是把握这些东西自身。"[3]

41　　回到这一讨论，这些段落表明，在柏拉图的头脑里，数学始终有着双重的过程—结果的理念论功能。它作为知识的优越性就在于这一事实：它最大限度地摆脱了感觉要素。感觉的对象不可信赖。在过程方面，数学忙于逃离这些对象。数学锻炼头脑，引导灵魂离开感觉领域。虽然数学家会从感觉资料开始，将感觉资料作为对他问题的暗示，但是这些资料只是资料背后的绝对实在的影像而已，数学家的问题只有当他已经将资料转变为纯粹理念之后才会变成真正的数学问题。从内容或者结果的角度看来，数学为柏拉图提供了关于一门处理绝对实在的科学的最显而易见的例证。首先从被对其感觉要素的抽象所剥离的资料开始，然后又被予以理念的转化，然后又通过完全理性或者直观的过程得到结论，这一过程所达到的结果是绝对的、

---

[1]　*Protag.*, 356.

[2]　*Rep.*, 7: 525.

[3]　*Rep.*, 6:510.

不变的、必然的。这些结果为所有科学的知识提供了理念论的模型。根据柏拉图的观点，任何研究的主题要成为科学就必须屈服于这一运动。这在他于《理想国》中对天文学与和声学的讨论中提出。[1]

天文学与和声学在感觉要素上都非常丰富，但是柏拉图感到，只要这一要素不被超越并被甩在身后，我们就不能获得这些学科所涉及的实在。这些主题必须被造就成理性的而非经验的，并且它们只有通过被造就为数学的才能成为理性的。

柏拉图嘲笑认为观星就是天文学的观念。这是"寻求学习某种特殊的感觉"并且"是那类与科学无关的东西"。闪烁的天空可能对于视觉感官是辉煌美丽的，但是几何学家"不会梦想能够在天空中找到真正的相等，或者真正的加倍，或者任何其他比例的真理"。在天文学的研究中，理性的才能必须被利用，数学方法必须被应用，适合的程序必须被应用于问题的解决。永恒的、服从于不变的东西必须去寻求；但是没有物质与可见的东西可能是永恒的并且服从于不出偏差。[2] 对和声学的经验研究也受到同样的嘲弄，并且出于同样的理由，感官感知被置于理性之前，而绝对实在也没有达到。在此，失败也被归咎于没有应用数学方法。经验研究者"在理解之前先竖起耳朵"。即使毕达哥拉斯派"也犯错误，就像天文学家；他们研究听起来和

42

[1] *Rep.*, 7: 529-30 and 530-31.
[2] *Rep.*, 7: 529-30.

谐的数字，但是他们从未触及问题"。[1]

这两场讨论——一场关于天文学，另一场关于和声学——都非常惊人地说明了柏拉图在感官感知要素与理智要素之间为知识作出的价值区分，并且这一区分如何通过数学程序引导进入理念论。柏拉图要求知识是绝对、永恒、不变。在天文学与和声学的领域，他发现这一要求要得到满足只能通过数学程序。真理，在感官感知侧面不能发现的实在，只能在理性主义的数学过程的结果里发现。

数学，与以前一样，总是在历经引导进入理念领域的过程与供给属于这一领域的结果两方面扮演这一双重角色，同时给理念论以刺激并且本身就是理念论。当然在构建柏拉图的理念论的哲学时，数学虽然不是唯一的因素，但也是一个非常重要的因素。数学的理念论赋予他以一种最强大的论据：支持普遍理念论的类比。正像数学家所处理的终极实在并不脱出任何经验过程提供的感觉资料之外，但是这一实在在关于其真实资料与关于其最终结果两方面都是某种绝对的与超越感官感知的东西；所以，就这一终极实在隐藏在所有现象背后而言，它就是理念，某种与灵魂的理性原理相和谐的东西，不服从于变化，不服从于感官感知的形象的流变。只有在数学中，感觉材料被超越与理念被达成的过程才能被展示出来，而在其他领域里这一过程都不能展现出来。数学的这一特征是理解柏拉图将数学

---

[1] *Rep.*, 7: 530-31 , cf. *Phileb.*, 55-56.

训练作为哲学研究的预备阶段而赋予的重要性的钥匙。一方面，未经这样的训练，哲学的问题，存在或者本质的问题，不能得到适当的理解；另一方面，关于解答这一问题的过程或者技术的线索也不会出现。

对柏拉图来说，哲学问题就是认识真正的存在。哲学家的功能就是通过理性找出藏在所有感觉现象背后并且控制所有感觉现象的绝对真理，永恒的存在。但是在逻辑上先天的基础之上，这一知识不能通过感官感知的渠道出现；因为感官是不充分的。一般而言，"灵魂的眼睛简直就埋在感觉的奇怪泥沼之下"。[1] 在理念论过程里，灵魂在能够升到自由和权力和自我控制的高度之前需要某种初级训练，在此高度上，灵魂能够凝视绝对存在，并获得真正的知识。数学起到了提供这一训练的功能；在此理智已经发现了终极实在，这些实在是不朽、绝对、必然的理念。

哲学家必定是精通算术的人，他研究这一主题直到数字的本质在头脑中显现无遗，并且只是出于灵魂自身的缘故；这对灵魂来说是从变化步向真理与存在的最便捷道路。[2] 数字的真实用途只是将灵魂引向存在。[3] 几何学也给予同样有价值的理念论训练。几何学会使得人们更加容易看到善的理念，迫使我们看到存在，而不仅仅是变化。几何学的真正对象是知识，而几

43

[1] *Rep.*, 7: 533.
[2] *Rep.*, 7: 525.
[3] *Rep.*, 7: 523 ; see also 7: 521-23 and 523-25.

何学所欲达到的知识是关于永恒的知识，而不是关于有死的、短暂的事物的知识。因此几何学将引导灵魂趋向真理并创造哲学的精神[1]和声学研究对于同样的目标也是有益的，如果和声学被造就成为数学的，并且被"以美与善为目的"来进行研究的话。[2]

因此，可以看出，柏拉图感觉到，业已在数学领域中习惯于将感觉的运作转换为理智的运作的头脑也已经获得抽象与专注于纯粹理念要素的能力，这样的头脑也是唯一适合于哲学化的头脑。当头脑为在理念中而非感官感知的产物中寻求所有事物的终极实在的观点做准备时，数学训练是积极、直接、必需的。虽然柏拉图似乎特意将揭示绝对真理、揭示终极实在的能力保留给了辩证法，但是他感到，只有对于经受了数学科学洗礼的人，辩证法才能揭示这一真理，数学科学在提升灵魂的工作中被作为"侍女与助手"使用。[3]

在结束这一关于数学理念论的讨论之前，有必要考虑《理
44 想国》里的一个重要段落——分行的著名图示。[4]从这一段落看来，柏拉图显然并没有将数学概念置于与理念的同一水平。在这一段落里，有关于知识阶段的一段讨论，或者说以本体论的术语讨论了存在的程度。首先，作出了两个主要的分类：意见

---

[1] See *Rep.*, 7: 526-27.

[2] *Rep.*, 7: 521.

[3] *Rep.*, 7: 533.

[4] *Rep.*, 6 : 508 ff.

（δόξα），地位较低的，涉及可见世界（τò όρατόν）并且必须处理变化（γένεσις）；和理智或者思想（νόησις），涉及理智世界并且必须处理存在（τò νόητον）。意见（δόξα）自身被区分为两个阶段：猜想（εἰκασία），这涉及必须处理以阴影和反射的本质显现的影像（εἰκόνες）；和信念（πίστις），这必须处理事物——我们看见的动物和生长或者被造的一切事物。理智也被区分为两个部分：知性（διάνοια），柏拉图对此澄清说，它与事物的影像共事，但是他对此未予澄清是否存在任何相应的明确知识的对象或者存在；和理性（νοῦς），它必须与理念（ἰδέα）或者永恒的存在共事。概括来说，它如下图所示，这里没有对所使用的行列附加任何意义。

官能 {	意见（δόξα）		理智（νόησις）	
	猜想（εἰκασία）	信念（πίστις）	知性（διάνοια）	理性（νοῦς）

对象 {	影像（εἰκόνες）	事物	数学真理（？）	理念（ἰδέαι）
	可见世界（τò όρατòν）		理念世界（τò νόητον）	

从官能的角度看来，很清楚，存在四个区分，其中第三个是知性（διάνοια），这第三个官能是涉及数学思考的。[1] 现在，在过程方面要在数学思考与理性（διάνοια 与 νοῦς）之间造出一个区分，问题是柏拉图是否希望在它们的对象——数学真理

---

[1]　*Rep.*, 6:511.

（μαθηματικά）和理念（ἰδέαι）——的本质上作出区分。米约
（Milhaud）表明，在相当大的范围内这样一个阐释并不成立。
他指出，事实是，对于柏拉图来说基本的区分线索是双重的，
根据这一区分线索，数学概念和理念属于本质上没有区别的一
类，并且将它们等同而非分离也与柏拉图的精神与用法更加和
谐。[1] 如果米约仔细地观察了柏拉图在官能，或者方法，与对象
45 之间作出的区分的话，他的这一证明还会更加清晰。从方法的
角度看来（将要在第 84 页讨论的一个观点），数学思考 [知性，
（διάναια）] 与纯粹理性（νοῦς）之间的区分是清楚的；从对象
的角度看来，区分并不清楚；因此就有了柏拉图的含混、问题
和表面上的不一致。从过程的角度看来，共有四个区分，可从
对象的角度看来，只有三个，或者说至少第三第四之间的区分
仅仅是形式上的，并且显然在柏拉图的头脑中不那么真实。[2] 作
为证明的是这样一个关于它们本质的等同的，从关于不同区分
的讨论中摘出的段落：

　　　　你不知道吗？虽然他们 [数学家们] 利用它们的可见形
　　　式并就这些形式进行推理，但思考的不是这些东西，而是
　　　这些东西与之相似的理念；不是他们画下的图形，而是绝
　　　对的正方形和绝对的直径等等——他们所画或者所作的形

---

[1]　In MILHAUD see especially pp. 242, 244, 263, 267, 270-72, 274 ff., 277-79.
[2]　我在这里使用了本体论术语。从认知的角度来说，我认为这一区分在柏拉图的
　　头脑里是真实的，但不是绝对的。参见第 87 页。

式，在水里有着它们自身的阴影与倒影，这些形式被他们反转到图像里，但是他们实际寻求的不是把握这些东西自身吗？这些东西只能被头脑的眼睛看到。[1]

数学家可能从感觉材料开始，但是他在理念里转变与超越了这些东西，并且发表了绝对的与理念的结果。

---

[1] *Rep.*, 6: 510.
　　译注：这段话有一个中译本译为："你也知道，虽然他们利用各种可见的图形，讨论它们，但是处于他们思考中的实际上并不是这些图形，而是这些图形所模仿的那些东西。他们所讨论的并不是他们所画的某个特殊的正方形或某个特殊的对角线等等，而是正方形本身，对角线本身等等。他们所作的图形乃是事物，有其水中的影子或影像。但是现在他们又把这些东西当作影像，而他们实际要求看到的则是只有用思想才能'看到'的那些实在。"（柏拉图：《理想国》，郭斌和、张竹明译，北京：商务印书馆 2002 年版，第 269—270 页）

第三章
方法或者研究的技术

柏拉图对方法的兴趣

前面已经暗示过，柏拉图对于精神过程与精神结果同样十分感兴趣。（参见第 19 页）我认为如果我们只从其字面意思，或者只从其哲学内容来看它们的话，我们都没有获得柏拉图对话的全部意义。这两者，或者两者一道，都是错误的观点。在柏拉图那里，我们拥有一个人的最非凡展示，这个人揭示了心理的与逻辑的过程，凭借这些过程，他得出了他的结论。他做到这一点是使用了如此的文字技巧和能力，而他所处理的问题如此地重要，以致我们很容易要么迷失在他的作品的文字侧面，要么迷失在他的作品的理念领域。柏拉图也许只想给予我们他研究的结果；但是无论是否有目的，在他的许多对话中，他已经给出了比实际结果更多的方法。这相当可能不是他碰巧无意识的事。他是教学方法的大师，在他所讨论的问题上，在他尚未给出他自己的观点之前，刺激与唤醒学生的兴趣。他认识到来自冲突和矛盾的"震惊"的原理的意义。

> 你看到了吗？美诺，他已经在他回忆的能力上取得了什么进步？他开始不知道，他现在也不知道，一个八尺的图形的边长是什么；但他以为他知道，并且自信地回答，就好像他知道，毫无困难；现在他有一个困难，既不知道也想不到他知道这一点。他现在不是比以前更好地了解了他的无知吗？如果我们已经使得他怀疑，并且给予他"电鳐般的电击"，那我们是否对他造成了任何伤害？我们当然已经在某种程度上协助他发现了真理，正如似乎如此的那样；而现在他将希望补救他的无知，但是他随后会一而再、再而三地告诉全世界，双重空间有双重的边。但是你会假设他一直都在探究或者学习他想他知道的东西，虽然他实际对它一无所知，直到他落入他不知道、但渴望知道的理念笼罩下的混乱。[1]

非常引人注目的是，他经常在着手处理关于某一主题的最严肃的讨论之前，就像以前一样，玩弄他的对话者。这一点，从逻辑原理的观点看来，他有时做得和任何智者一样，相当热闹也很无耻，但是最终，他以一种经常处于他的回答者或者对

---

[1] *Meno*, 84.

手的逻辑思考的水平的方式，来引导对手进入矛盾而刻意展示他们思考的不足与肤浅。这一点完成了两件事：(1) 它刺激起对于问题的实质层次而非表面层次的兴趣；(2) 它为对于更好方法的思考和更严格的逻辑过程的引进与欣赏开辟了道路。[1]

如果我们未能看到柏拉图对于方法有一种真正的教育学的兴趣，那我们对他就不公正，而如果我们忽略以下事实：在他的对话里有许多长篇大论的离题话，其内容不被认为像那些说明和解释某种方法或者程序原理的话那么有意义，那我们也对他不公正。这类离题的话可以《泰阿泰德篇》(155) 和《理想国》(4：436-39) 里关于矛盾的原理的讨论为例。《理想国》、《智者篇》、《政治家》、《巴门尼德篇》里的大量篇幅都处于这同一主题之下。《理想国》的更大部分，在无疑表达了柏拉图希望讨论的社会学观念的同时，从另一观点看来显然是方法论的观点。从这一观点看来，理想的国家只是一个配备了制定正义的心理分析的目标的建构。第一卷未能提出正义的定义。因此作出了一个暗示以前进到另一个方法。

> 我说，看到我们没有伟大的智慧，我想我们最好采取一种我会这样说明的方法：假设一个近视的人被某人要求在一段距离之外读小字母，并且，对另外的某人，这些字母可能在另一个较大的地方被发现，在那里字母也较大——

---

[1]　Cf. *Soph.*, 230.

如果这些字母是同样的，他可以先读较大的字母，然后再前进到较小的——这会被认为是难得的好运气。[1]

理想国不是别的，就是大地方的大字母。在这里对正义的分析给予关于个人的正义的分析以钥匙。[2]

用同样的原理去分析平实的、更简单的情况，只为了将这一原理应用于更复杂、更晦涩的情况，这一原理在《智者篇》（218）和《政治家》（286）里再次得到阐明。《智者篇》里的陈述如此清楚明确，富有意味，值得征引： 48

> 现在，我们所研究的智者的部落不容易把握或者定义；而世界早就同意，如果要恰当地处理大课题，必须先研究其中较小的、较容易的例子，然后我们再进发到其中最大的课题。并且如我所知，智者部落很讨厌，难以把握，我得推荐我们预先实践将要应用于他身上的方法于某种较简单、较小的事物上。[3]

下面非常详细地举出了钓鱼人的例子，说明通过对物种分类的长期过程来进行定义的情况，一旦这一定义完成之后，接

---

[1] *Rep.*, 2 : 368.
[2] See *Rep.*, 4 : 434 ff.
[3] *Soph.*, 218.

着"按照这一模式"他们"就努力找出智者到底是什么"。[1] 认为不仅这一说明，而且这整个对话，其伟大的目标之一就是阐释方法——逻辑分类的方法，其中互斥的方案以确保周延，我是不是想得太多了？（参见第 48、58、61 页）

在《政治家》里又可以明确辨认出一处出于方法论推理的缘故而从论证的主线中游离出来的段落。这一段落里，以分割的过程来分析编织的技艺，由编织的技艺引导到对于测量的技艺的讨论。现在在这一讨论完结的地方，提出了以下命题："考虑另一个问题，涉及的不仅是这一个论证，而是一般而言这样的论证的实施。"注意下述事实：在教孩子字母以组成字词时，目的不仅仅是改善他对特定单词的语法知识，而是关于所有词汇的语法知识。所以，在分析编织技艺的例子里，并不仅仅是出于它自身的缘故来分析它，而是为了训练给予与接受对事物的理性描述的缘故来分析它。[2]

对于方法以及方法的训练的阐述是"关于探究"的对话的主题之一[3]。即使对话者并不必然信服的立场也出于论证的缘故予以采纳。特拉西马库斯说："我可能认真也可能不，但是这与你何干？你的职业就是反驳论证。"[4] 格老孔虽然自称并不相信不义的原因，但是他坚持这一立场是为了能够看看它如何被反

---

[1] *Soph.,* 218-21.

[2] *Stat.,* 285-86.

[3] 我将这一术语更宽泛地用于短篇对话。

[4] *Rep.,* 1:349.

驳。[1] 在《高尔吉亚篇》(462) 里，苏格拉底给泼路斯上了关于论证方法的一课。在《斐多篇》(100ff.) 里，有相当长一段关于方法的离题话。从某种观点看来，《巴门尼德篇》作为整体就是对方法的阐释。当苏格拉底卷入关于理念的特定困难时，巴门尼德解释说这是由于他未经充分的预先训练就试图定义美、公正、善，以及一般而言的理念。在他的训练中的特定缺陷被指出，还指出了在哪里他可以获得更好的训练。巴门尼德被要求对他所指出的方法给出例证。对此他表现得很不情愿。从形式的角度看来，对话《巴门尼德篇》就是终局。[2]

柏拉图的教条论 [3]

乍想之下，在方法的大标题下讨论教条论有点不合时宜。但是在本书里要想不涉重复地讨论这一问题似乎还没有其他更好的地方。柏拉图的教条论与方法有关，即使它不能说是方法的一部分也罢。"教条的"这个字眼经常被用于贬义。柏拉图是个教条论者，在这个字眼的较好意思上。他对于研究的过程充满同情；他渴望真理胜于一切。但是他也相信探究的过程能够导致有效的结论。他对于知识的信心在《美诺篇》的一个段落

---

[1]　*Rep.*, 2:358.

[2]　*Parm.*, 135-36.

[3]　我用教条论这一字眼与怀疑论相对，而不是与批判论相对。

里得到了充分展现，在此，以下宣言出诸苏格拉底之口：

> 我已经说过的某些事物，我并不完全有把握。但是如果我们想，我们应该比我们沉湎于无所事事的幻想——这种幻想认为：寻求知识即无知又无用——时应当做过的探究得更多，这样我们就将更好、更勇敢、更少无助；那是一个我准备以言辞也以行动尽我所能地为之奋斗的主题。[1]

将此与《美诺篇》（98）里的陈述对比一下：

> 知识与为真的意见不同这一点对我来说与猜想无关。没有很多事物我自诩知道，但这是我知道的事物中最确定的一桩。[2]

这一语言是多么有意义，它描述了这样的假设：不存在像"无所事事的幻想"这样的知识，而存在以下陈述："知识与为真的意见不同这一点对我来说与猜想无关，而是我知道的事物中50 最确定的一桩！"

就他的先验推论方法而言，柏拉图是一个教条主义者。如果像米约那样把柏拉图的教条主义完全归因于数学的影响，那

---

[1] *Meno,* 86.
[2] See also *Phado*, 99, 100, and 107.

是言之过甚。但是，如果一个人本来具有教条主义的倾向，而所面临的问题又生死攸关，必须要有确定的答案，那么我们可以预期，任何一种能够支持他的教条主义倾向的学问，在澄清与强化这种倾向时都会起重要的作用。当柏拉图的思维沿着先验推演的路径昂首阔步前行去寻求真理的时候，他的教条主义倾向与数学里的教条主义因素产生了互动；在这一互动中，数学的教条主义因素对他产生了一种它在其他地方不会具有的意义。柏拉图对于知识的坚定信任与我们期望于数学家的东西相一致。数学家的结论以必然性的所有力量冲击头脑。这些结论似乎是绝对的、不可反驳的、独立于感官多重性的起伏不定。数学是我们实际拥有知识的领域。笛卡儿、洛克、休谟都感到了这一点。康德将数学与纯粹物理学的先验综合判断当作他思想的出发点。似乎有很好的理由相信数学是柏拉图的教条主义的一个基础性因素，虽然不是唯一的因素。数学的教条主义在所有时候都必定对于自然的教条主义是强有力的支持和刺激，这使得柏拉图期望为知识找出安全稳当的基础，因为伦理学要求将知识置于逻辑的基础之上。

我已经说过，柏拉图的教条论与他的方法有关，这一关联证明他在这一点上对方法的处理正当合理。教条论赋予他的思想过程一个坚实的反应基础；和以前一样，这是他的方法转向所依靠的支点。这给予探究的过程以刺激和重点。在《斐多篇》里，他警告人们说，不要仅仅因为论证错误就不信任论证——

不要厌恶理念，而是要更勤奋地去探索。[1] 正是从这一观点出发，柏拉图如此多地强调了矛盾原理。如果知识可能，而不仅仅是高度相对的且流动的感觉产物，那么任何将知识缩减为依据并非绝对的标准进行测试的过程都从根本上是错误的。知识的可能性是一块顽石，其他一切东西都会在它上面碰得头破血流。在《智者篇》里也有一段有意思的段落表达了这一观点。

51　　　　我们必须确定地以一切可能的手段与他斗争，他要湮灭知识和理性和头脑，还胆敢自信地谈论任何事物。[2]

正是教条论的态度赋予了矛盾原理以生命力，所以我们并不满足于与矛盾的结论一起休酬，而是坚持继续探索，抱着这样的情感：所用的方法或者所假设的前提必定有某种东西搞错了。矛盾原理在柏拉图的思想中占据了中心位置。让我给出两个来自《高尔吉亚篇》的段落以说明他在这一点上的情感：

　　　　我宁可让我的七弦琴五音不谐，宁可让我准备的合唱队唱不出乐曲，果真如此，或者这整个世界会与我作对来反对我，那也比我自己与我自己作对，反对我自己要好。[3]

---

[1] *Phado*, 89-9 1 ; cf. 99-100.

[2] *Soph.*, 249.

[3] *Gorgias*, 482.

因为我的立场一直总是这样，所以我自己并不知道这些事物究竟如何，但是我从来没有见到过任何人能够说出别样的话，说出任何与你所能说的不同的话，而且不显得荒谬。[1]

数学与方法

在与针对头脑及其与矛盾原理的关系的教条论态度的关联中，已经指出，数学在决定柏拉图的方法上发挥了重要作用。数学影响的这一面相现在需要沿着其他线索予以呈现。数学作为决定柏拉图方法的一个因素的意义，通常被忽略或者被低估。无疑，这一点的一个理由就是：苏格拉底对柏拉图的影响一直被认为是决定性的。这是很容易作出的推断；因为柏拉图采纳讨论的问答形式，这表面看来是苏格拉底式的。他又一次涉足苏格拉底式的分析概念的任务。我们不否认柏拉图的方法在其早期阶段是苏格拉底式的，并且它总是带有苏格拉底式的要素。但是伦理学问题在柏拉图那里采取了这样一种形式，以致他不得不超越他老师并去寻求更加理性的程序方法。他通过将苏格拉底式的原理与逻辑上先天的要求和某些数学推理的原理相结合，得出了这一方法。得到的结果是一种总体说来最基本的方

---

[1] *Gorgias,* 509.

法，但又是完全非苏格拉底式的。让我们深入柏拉图对方法的重组，去探寻某些主要因素的细节。

52   首先，苏格拉底与柏拉图处理伦理学问题的方式有着明显的差异。我们会认为伦理学兴趣对他们两人来说都是基本的，但是方式不同。在对唯物主义的普罗泰戈拉学派进行了毁灭性的批评之后，这一批评去除了内禀于习俗与传统多神教的伦理学约束，他们两人寻求重新将伦理学建立在新的、更牢靠的道德约束之上以拯救雅典社会。伦理学概念历经苏格拉底以一副审查这些概念在实际经验中的有效性的眼光来加以经验的与推理的检验与考查。他不像关注伦理标准——或者共相——作为在人类生活中实际起作用的因素而存这一事实那样那么关注伦理标准的可能性问题。他用这来抵消普罗泰戈拉理论。但是柏拉图走得更远一步，他以理论对理论。他对理论问题有着活的兴趣。这确定是个非苏格拉底的冲动。这一冲动无疑是从他所熟悉的哲学体系的彼此冲突的结论中成长起来的。对苏格拉底来说，这些冲突表明了思辨哲学的愚蠢和废弃它的必要和将他自己限制在实践问题中的必要。但是对柏拉图来说，在教条论气质与数学训练的影响之下，这些冲突不可能导致怀疑论。它们对他来说是刺激，刺激他深入研究并得出最终结论。

与这些理论兴趣相一致，柏拉图提出了在感官与理智之间作出区分的逻辑要求，并且因此提出了建构单独为头脑所认识，并未为任何感官要素所污染的共相的逻辑要求。无论这一逻辑要求何时在他的思想里变为操作性的，无论他对此的意识模糊抑或清晰，无论是单独抑或与数学的思想线索的关联与互动一起，他必定对于苏格拉底式的共相有一种不满的情感。这些苏格拉底式共相最终植根于感官感知的世界。它们是从经验推导出来的，从对人们的意见的分析得到的，并且除了在发现它们的地方，它们是没有内容的。只要它们被转瞬即逝的、不充分的感觉要素所污染，并且不单独植根于理性，它们就不能在与逻辑先天要求相一致的情况下，通过符合至高要求的知识的考试。

联系这一思想的运动，有意思的是柏拉图是个学数学的学生。苏格拉底蔑视理论数学（和其他理论课题一道）。至于他对数学的关注，也完全集中在实践层面，而且也在非常有限的领域之内。相反，柏拉图给予数学最高的尊崇，特别是理论数学，总是到处坚持抽象的或者纯粹的数学在科学的精确性与真理性上的优势。这在确定他的方法时是个决定性的、不可忽视的因素。在逻辑先天的要求的基础上，苏格拉底式的共相被视为不能令人满意。数学导致同样的结论。但是，比数学与其他思想运动在这方面的一致更加重要的是数学对这一立场的澄清与奠基。在数学里，知识无可非议地被发现，而在这一领域里，数学的特征很容易识别。数学的特征是清楚、确定、必然、普遍、理性以及特别严格的推导。随后这些特征就是概念必须满足的要求，如果这些概念要被称为知识的话。在先天的基础上，知识必须是整体理性的，没有受到感官要素的污染。在这一领域我们清楚地看到知识必须满足的条件是什么。这些条件与每个其他领域都必须满足的要求是同样的。当对于数学本性的洞察力已经使得这些条件变得简单清楚，柏拉图的概念就不再能够归纳地从苏格拉底的概念里推导出来。这些概念也不能是那些仅仅被实体化的概念，如果我们说实体化的意思是把这些概念当作它们所是，赋予它们对象的存在，并且把它们武断地布置成好像独立于现象世界一般。在这一基础上，它们不再会像将它们实体化之前那样满足知识的要求。此外，实体化还会是对柏拉图赋予它们的秩序的逆转；因为它还将从现象里推导出理念，取代现象是理念的摹本的看法，根据这种看法，现象只是作为对探索理念的刺激而存在。柏拉图式的共相的理想，如果数学概念可以被采用为这些共相的例证的话，不是这样的理想：仅仅武断地把满足逻辑上先天的要求强加于它们，而是这样一种理想：内禀于知识的根本本质之中。在数学里，知识的要求得以满足是因为它的实在的理想。这样的实在在数学中赖以达到的方法应当是也暗示了要在其他领域也达到这样的实在所必须满足的条件。

数学的程序特别以下述事实为标记：这一程序始于自身54 通过直观（直接精神视域）或者通过理智决断所接收到的资料，而在已经发现这样的资料之后，这一程序就在严格的推导规则下工作，排除了任何可能会不小心通过从外部带进来的前提而悄悄潜入的结果。这一整个过程都以这样的方式加以理智控制，以排除经验要素或者经验过程在这一程序的任何阶段的引进。有丰富的证据显示这一过程的基本特征强烈地吸引了柏拉图。

柏拉图对于数学方法中直观要素的欣赏已经由来自《美诺篇》的引文予以说明（参见第 10 页）。[1] 正是数学的先天特征，数学真理的非经验来源，迫使柏拉图改变了关于回忆的学说。至少，他给出的有关这一学说的证明在绝大部分上基于几何学中的直观要素。似乎很可能的是：柏拉图的回忆学说 [2] 和他的哲学之爱的学说 [3] 含混地在他的哲学中起到了先验综合判断后来在康德哲学中有意识地起到的作用——数学真理毫无疑问的存在武断地解决了知识可能性的问题，这些学说通过获得由之开始的非经验要素，服务于表明知识如何可能的功能。

除直观资料之外，还有资料是由理智决定的。柏拉图认为，仔细的定义在哲学程序的任何方法中都是重要的。[4] 在他所有关于探究的对话中，引人注目的是，每一新的讨论都由关于术语意义的小争执引发，或者至少也是由关于同意的基础的争论引发。[5] 有些对话似乎整个都让位于过滤假设性定义的过程，直到一个满意的定义——亦即，一个严格的定义——得以被发现为止；或者如果这一点不可能达到，探究就被放弃，同时明确意识到现行的定义不恰当。柏拉图关于定义的概念化是思想的双重运动——逻辑上先天的运动和数学的运动——相互作用的结果。米约坚持认为，在柏拉图关于定义的概念化的演变中，比

---

[1]　*Meno*, 81-86; see also *Phaedo*, 73 ff.

[2]　*Meno*, 81 ff.; *Phaedo*, 73 ff.; *Phaedrus*, 249 ff.

[3]　*Phaedrus*, 249-53.

[4]　See *Phaedrus*, 237.

[5]　Cf. *Phileb.*, 20.

起苏格拉底的观点来，有太多的数学要素。

55　　　柏拉图将定义视为某种不只是命名的事物[1]。定义涉及一般
观念[2]，涉及事物的本质，而不仅是对其性质的描述。[3]定义必
定不依据它自身来予以表达[4]，也不依据尚未解释与尚未承认的
东西来表达[5]。这后一点他采自数学。枚举作为定义的原理是不
恰当的。这一点在非数学的例证中，诸如对泥土的定义中，也
和数学字眼的例子一样，被制定出来。与定义类别有关的麻烦
在于这一定义不以抽象的方式揭示事物的本质。[6]定义必须相对
于所有其他东西来区分出事物的这一类别。这一必备条件是通
过以下过程制定的：先从来自数学的例证开始，随之是几个并
非数学的例证，然后又回到数学。[7]在涉及枚举的观点里，和在
这后一观点里，很显然，柏拉图已经完全脱离了数学思考而得
到了对于定义的概念化。但是数学对他而言，在这一方面有意
义，这不应当被忽略，当我们观察到他如何频繁地转向数学以
寻求定义的原理的例证，并且特别是他如何仔细玩味这些例证，
同时开发它们的意义，这似乎很明显。柏拉图对定义的概念化
非常不同于苏格拉底对它的概念化，因为对共同性质[8]的表达

---

[1]　*Soph.*, 218.

[2]　*Euthyphro*, 6.

[3]　*Gorg.*, 448 ff.

[4]　*Phaedo*, 105.

[5]　*Meno,* 79.

[6]　*Thaet.*, 146-48; see also *Meno*, 71-76.

[7]　*Gorg.*, 451-53.

[8]　*Letches*, 192.

可以从《费德罗篇》的一段里最清晰地看到。在这里有两个重要原理被阐明：（1）分散的殊相包含在一个理念中。这在关于给予爱的定义里予以说明，"这无论真伪，当然都将清晰与一致赋予了话语。说话者应当定义他的几个概念，这样使得他的意思清楚。"（2）自然区分为物种。苏格拉底被塑造为据说是"一个热爱这些区分与普遍化的过程的人；这些过程帮助他说话与思想"。[1] 这两个原理都指向通过集中于一个理念的逻辑过程来对感官的多重性进行理智控制的方向。就它确实指向这一方式而言，它与数学定义的特征是协调的。这里恰恰是这样一个领域：定义的最为根本的本质是理智的决断，通过头脑的自由活动在精神建构中将分散的殊相包含在一个理念里，而不是选择某个被发现贯通并附着于所有殊相的共同品质并在其非常可疑的（对柏拉图来说是因为其感觉的）基础上加以定义。柏拉图感到，哲学方法所需要的东西就是在他那个时代数学实际拥有的东西——清楚、不含混、理智确定的定义；而他非常喜欢展示可以从所接受的前提导出的荒谬结论，只要在所使用的术语的意思上稍稍玩弄手脚就可以做到这一点。他感到，严格的结论不可能在哲学里得到，除非像在数学里一样，亦即，通过使用始终在概念的限度内工作的过程方法——这些概念要么在特征上是直观的，要么是理智决断的——并且通过在每一步骤都小心加以防范的理性过程的手段。

56

---

[1]　*Phaedrus*, 265-66; cf. *Soph.*, 253.

分析的方法

当我们更深入地进入柏拉图论证形式与结构的核心，我们发现，就分析方法的使用是结论性的而言，他的思想甚至被数学影响更加深刻地修正过，比那些数学术语或者数学用法公开进入讨论的章节所表露的更加深刻。我们发现，在他思考的散漫的与结构的阶段的所有对话里，他的思想的运动都采取了数学分析方法的形式。他大量谈论辩证法，但是他实际使用的是归谬法（reductio ad absurdum）。这一方法，在其起初且不那么严格的发展阶段，在形式上与苏格拉底的分析紧密相连，以致学生可能不容易注意到两者之间由此及彼的过渡，而一旦真正作出了这一过渡，才会发现两者之间差距扩大。但是在将柏拉图的分析中独特的东西阐明之前，有必要更多地讨论数学分析的细节。

在柏拉图的时代，数学中分析的方法充当了非常清楚的意识的角色，柏拉图自己据说是这一方法的发明者。但是在简单的情况下，这是思想的如此自然的运动，更加可能的是，这一方法已经被数学家们含糊宽松地使用，而柏拉图只是将它带入57 完全的意识，作为一种方法。随后，他在一门精确科学——数学——的领域里将它发展起来之后，又寻求将这一方法应用于哲学领域。就我们的目标而言，在这一方法中区分两个阶段并就这两个阶段的每一个都得出其逻辑意蕴与意义，将是方便的。这两个阶段我将称之为肯定阶段与否定阶段。

1. 分析的肯定阶段。——某个命题为研究做好了准备。它被假设为真。结论在这一假设的基础上推导出来。如果这些结论从某些其他来源得知是真的，并且如果我们因此能够从它们开始并且反转这一过程，结果回溯到最初的命题，那么这一命题就被证明为真。如果最初的命题不能这样推导出来，那么就不能推论它究竟是真还是伪。具有肯定结论的肯定分析因此经常是不确定的，并且通常在涉及相当大的复杂性时如此。无论如何，如果结论已知是伪的，特别是如果它直接与某种已知的真理或者接受的资料相矛盾（并且因此是荒谬的），那么我们有权利推论最初的命题是伪的；因为根据正确的推理过程，我们不能从真的命题推导出伪的结论。因此肯定的分析，无论是有肯定的还是否定的结果，并不允许推导出除了我们由之开始的最初命题之外的任何其他命题的真或伪，因为这一命题最经常地只被成功地证明为伪。因此，这一方法自身在探究真理时没有太大用处。

2. 分析的否定阶段。——这是肯定阶段的补充，这两者一起形成了完整的逻辑方法。在此与前面一样，我们有一个命题为研究做好了准备。但是我们从这样的假设开始：一个与最初命题逻辑上矛盾的命题不为真，或者说从这样一个与最初命题互相排斥的备选命题开始。如果，在从假设开始的推理中，我们达到了一个已知是伪的结论，即与已知的真理或者与被赋予的立场相矛盾（因此是荒谬的），那么我们就不得不拒绝那导致这一结论的假定，就像在（1）里一样。但是这一命题是如此这般地与最初命题相联系的，所以，因它为伪而拒绝它，就必然导致接受最初命题为真。因此，在这里，一个命题的否定结果给与之相关的命题带来肯定的意义。这一程序，因此在所有两个相互排斥的命题可以陈述出来的情况下，都是非常强有力的研究工具，在这里，任何一个命题的真都包含着另一个命题的伪，而任何一个命题的伪都包含着另一个的真。当然，这一方法可以扩展到应用于三个或者更多选择的情况下，在这里除了一个命题之外，其他命题都被证明为伪，通过分析到矛盾的或者荒谬的结论，就证明了剩下的那个命题为真。

58

我认为，上述是对分析方法所涉及的东西的公正描述，无论是应用于数学之内还是数学之外。自然，在将这一方法应用于外部领域时，在细节上会有更多变种。这些变种特别在分析开始的事务上出现，并非涉及所讨论的命题。而是涉及其他所接受的真理。这些真理是被分析得到的结论，与最初的命题并不一致。因此，推论是，那个命题存在某些错误。

苏格拉底的分析

没有理由假定苏格拉底受到了数学思想的影响。但是通过借助于上述的纲要讨论他的方法，我们可以对他的分析与柏拉图式的分析之间的关系，特别是对他们之间的差异，获得更清楚的理解。如果我们追随周维特和文德尔班，我们就会将最能代表苏格拉底自己的思想、最少由引入柏拉图自己的任何反应性要素造成修正的对话归为一组，其组成有《查米德斯篇》、《莱西斯篇》、《拉库斯篇》、《普罗泰戈拉篇》、《游绪弗伦篇》、《申辩篇》和《克里同篇》，再加上《小西庇阿篇》和《阿尔西比亚德篇 I》，这两篇被归类为存疑的真品。我将在讨论中略去后两篇。无论其他学者会如何安排苏格拉底的对话，他们都会实质上同意这一归类是很典型的。[1]

从内容上看，这一组对话最统一的特征是在它们对美德问题的处理中。这一处理最经常地采取试图给出定义的形式；例如，《查米德斯篇》，对节制的定义；《莱西斯篇》，对友谊的定义；等等。让我们从方法的角度审视并研究它们。在《查米德斯篇》里，相继举出了五个对节制的定义。在每一情况下，都有一个分析到矛盾或者荒谬的过程。没有否定分析的情况。也没有为真的其他选择的陈述。有一个例子（160）可能开始被认为是如此，在这里陈述是这样的："两个事物当中，有一个为真"，等等，但是更切近的观察表明，这是将安静与迅速不恰当地对立起来。在《莱西斯篇》里，再一次肯定的分析有着否定的结果。还有一个关于假设的清楚陈述，这样的分析就建立在这一假设之上："如果我们前面是正确的，我们就应当不会错得

59

---

[1] 焦耳和邵瑞强调在这些著作中的柏拉图要素。我的主要论证不依赖他们两人的观点。但无论如何，我的观点与焦耳和邵瑞的更加合拍。参见第 77 页。

这么离谱"（213）。作出了某种尝试以建立其他选择[1]，但是这些选择都不是真的选择，是被含混地用来推进论证的过程的。在《拉库斯篇》里分析完全是肯定的，而有着否定的结果。《普罗泰戈拉篇》的思想移向具有否定结果的肯定分析的形式。没有其他真的选择。表面上在几个地方使用其他选择来建立彼此的对立。在一个地方，这一效果通过玩弄否定的双关意思而得到加强：如果美德是独特而分立的，那么"整全就具有不当的本质，也就是具有不义的本质，而不义就是罪恶的"；亦即，整全是罪恶的。在 332-333 里的对立未被用作选择，而是为了展示对同一事物的这两个对立面是同一的；亦即，在论证的过程中，节制已经被表明是愚蠢的对立面；而智慧也被表明是愚蠢的对立面；所以节制与智慧是同一的。在 359-360 里实际再现了同样的事情，只是对这一过程增加了一个步骤。勇气业已被表明是胆怯的对立面，而智慧是无知的对立面，而胆怯等同于无知；因此勇气与智慧是同一的。在《游绪弗伦篇》里，我们也有带有否定结果的肯定分析。在以下陈述里对于选择的原理有明显的认知："所以要么我们前面的论断是错的；要么如果我们那时是对的，那么我们现在错了。""这两者中有一个为真。"但是这些选择没有作为中心使得分析围绕着旋转。它们仅仅出于强调矛盾的缘故被给出，而不是出于由矛盾迈向真理的缘故。分析中的一行从对虔敬的定义开始，"虔敬就是珍视众神"，这

60

---

[1]　Cf. *Lysis*, 216 and 222.

一行导致了矛盾；另一行从不同的假设开始，导致直接再次返回对虔敬的定义"虔敬就是珍视众神"。这是讨厌的混乱，选择的陈述有加重这一混乱的效果。《申辩篇》和《克里同篇》在形式上更为武断与演绎，而从它们的主题的性质来看，它们也难以被归类于探索的对话之中。

刚才讨论的这些对话的一个共同特征，也内禀于它们的方法之中，就是它们的否定结果——没有发现满意的定义。真正的论证开始于一个所接受的，或者所建议的，或者暂定的定义。对这定义进行分析，并由它推导出结果。这些结果被发现包含荒谬与矛盾。或者，如果开始于其他被接受的真理，这些结果被发现与定义或者其推论相矛盾。因此所建议的定义被拒绝，至少是以其现有的形式，而不得不从新的定义或者对老定义的某种修正重新开始。

苏格拉底是从经验获得意义的那类分析的大师。他也会展示从那些散漫的思想家所假设的资料推导出的荒谬结论，因此他能够一挫这些对知识饶舌之人的锐气。在这些荒谬结论与最初命题的伪之间的逻辑关联他似乎也已经把握。但是他没有把这一方法发展得足够远，以利用这一方法的威力引出新的真理。苏格拉底对话的否定结果，当我们记起这些对话被浇铸成肯定分析的形式时，得到了解释，因此矛盾的结论在逻辑上并不允许推导到任何新的真理，而是只能推导到最初命题的伪。否定分析的功能和从相互排斥的选择中进行推导的必要性还没有被看到。无论如何，存在着某些对于分析的完整形式的暗中摸索。

对立面经常彼此抵消，而其他选择被提出来。但是这些是非常松散地使用的，不是真的对立面或者相互排斥的选择，或者不是用在思想的前进和肯定的运动之中。我们并不意味着说，除此之外，苏格拉底的分析就没有前进的运动。而是说这一分析迈向真理的运动会遇到一系列障碍。一个命题被分析到荒谬的结论并被拒绝。因此作出一个新的开始，选择一个新命题或者修改最初的命题以与前述过程所接到的建议相一致。在某些情况下，这一程序会被反复维持直到发现某个命题，对这一命题的分析并不必须得将拒绝它作为结果。但是在方法的这一阶段，很容易观察到，在确定寻找真理的方向时不存在恰当的控制。这是一类逻辑上"试凑法"的程序，特征上多多少少是经验性的，并不是真正科学的[1]，它不能被确定，直到否定分析被引进对真理的探索，与相互排斥的选择被提出。柏拉图开始看到这一需要，并且他将所有对话，就其方法所涉及的范围而言，都献给了对这一方法的阐述。

芝诺的分析

芝诺的分析也似乎缺乏理智控制的要素，虽然他正在含混

---

[1]　关于苏格拉底式分析的价值与局限的另一陈述，参见温德尔班《古代哲学史》，第 128-130 页。

地寻求他的分析的否定结果的某种正面意义。似乎有一种含混的感觉，因为赫拉克利特的运动学说引导到悖谬的结论，所以埃利亚派的矛盾结论莫名其妙地被最小化了，在《巴门尼德篇》里，柏拉图让芝诺这样说：

> 真理就是，我的这些著作意味着捍卫巴门尼德的论证，而反对那些取笑他、寻求展示许多荒谬的与矛盾的结果的人，他们假设：随着对一的确认，这些结果就会接踵而来。我的回答是对多的虔诚信徒们说的，他们的攻击我加上利息还给他们，他们所假设的多的存在如果贯彻的话，显然比一的存在还要荒谬得多。[1]

但是，芝诺的论证无法展示，这些荒谬的结论可以从赫拉克利特的涉及埃利亚派学说真理的假说中推论出来。柏拉图似乎感到，当芝诺的分析有意义的时候，它也缺少理智控制的要素。当你在感官感知的领域里运作时，得到所有种类的矛盾是很容易的事。芝诺式的悖论丧失其意义是因为它们不能在理智领域，即理念的世界里，严格地、排他地制定出来。[2]   62

---

[1]   *Parmenides*, 128.
[2]   *Parmenides*, 135.

柏拉图的分析

分析的方法可以在适当的柏拉图对话中被发现处于其不同的面相与阶段。要撷取其应用的所有情况将是不必要的冗长乏味，但是我将详细地撷取无数例证以清楚地展示这一方法的意义，并且使得其标志着高过苏格拉底的分析的优势变得显豁。

《高尔吉亚篇》——表面上这一对话的主题是修辞学。它开篇就是对修辞学家高尔吉亚的介绍，他吹嘘自己的技艺。苏格拉底被吸引进入一场与他的论辩，不久就抓住他的自相矛盾之处。但是这篇对话很快就话锋一转，令人想到柏拉图写作这篇对话的真正兴趣是伦理学问题。在高尔吉亚和他朋友的那一部分里有一个假设：修辞学是精美的、有用的技艺，因为它具有赋予一个人以通过说服他人来达到自己目标的能力的优势，即使他在知识上处于下风也罢。对修辞学的这一观点似乎对柏拉图不仅是肤浅的，还首先是不道德的；因为这使得这一技艺成为了以不义对抗正义的工具。他通过坚持苏格拉底式的悖论来抨击高尔吉亚的观点。这篇对话的真正的关键论证围绕着以下苏格拉底的悖论立场：（1）施行不义比承受不义更加错误（469、473、474）；（2）当某人作恶时，如果他受惩罚，比不受惩罚更幸福（473）。作为偶然附加于这些证明的东西，还有两个次级悖论：（a）坏人做他们认为最好的事，而不是他们所想望的事，因为所有人的欲望都趋向善[1]；（b）生存，而不是装作生存，是生活的目标。[2]苏格拉底的主要对手——珀鲁斯（Polus）和卡里克勒斯（Callicles）——的立场可以在以下陈述中予以归纳：（1）力量造就权利（483-484）；（2）法律不是别的，就是许多弱者联合起来对付强者（483）；（3）愉悦是善（492）。现在，虽然这两组命题不能在字面上彼此对立起来，成为相互排斥的两种选择，但是在伦理学上考虑这些立场所代表的观点，作为一个整体，这些观点让人感到参与者是敌对的、不包容的，与这一感觉相一致，在捍卫与建立苏格拉底式悖论时所采用的方法是间接的。对立的观点遭到抨击，当这一观点的意义与结论被 63
抽出时，还显示出它被种种矛盾一击致命。因此否认苏格拉底式立场被证明是站不住脚的。这一否定分析的这一否定结论的结果在建立苏格拉底式立场的真理性时具有肯定意义。支持我对苏格拉底式悖论得到证明的方法的阐释的证据不仅是内在的，也是关于这些悖论的论证结尾处明确的论证。这一陈述如下所述：

　　这些真理，正如我在前面的讨论里所陈述的，已经予以提出，似乎现在已经为我们所确认与坚持，如果我能够斗胆用一个说法，它就像铁石镶铐，除非你们或者其他更

---

[1]　*Gorg.*, 466, cf. 509, end.

[2]　*Gorg.*, 511 to end of dialogue. See JOWETT, Introduction to the *Gorgias*, 2: 270 ff. and 303 ff.

有胆量的英雄打破这些镣铐，否则就不可能拒绝我所说的话。因为我的立场一直如此，所以我自己对于这些事物何以如此一无所知，但是我从未见过任何能比你们说的更多，而不显得荒谬的人。[1]

苏格拉底的伦理学悖论的建立与这一对话的表面的主题，亦即修辞学的功能有关。指出这一关联是保存这一著作的字面对称的机制。与此同时，指出这一点是作为这一分析方法的一个组成部分来进行的。当这些悖论的真理性被接受，修辞学的被大肆自吹自擂的用处就在其能够帮助人们不公正地达到目标的优势的任何假设中消失了；因为没有什么东西可能有用，除非它帮助人公正地做，或者被人用来在做了错事时说服别人放弃对他自己的惩罚（480）。再一次，除非修辞学确实不是真正的技艺，而只是一种谄媚（462-467），唯一的选择（隐含的）是"高尔吉亚出于谦虚承认的立场，据珀鲁斯的说法，他真地会做这样一个修辞学家，不但公正，还拥有对正义的知识"[2]。

在思想的整个运动中，使用分析方法的几个有趣例子可以予以指出。在段落492-495里，卡里克勒斯认为快乐与善同一，这一立场苏格拉底从这一同一推导出他不能同意的后果来加以抨击，苏格拉底以495里的明确陈述来钉牢他的论

[1] *Gorg.*, 509.
[2] *Gorg.*, 508.

证："我会要求你考虑，无论从什么来源得出来，快乐是否是
善；因为如果这是真的，那么，已经在暗中提示过的不能同意
的后果就必定随之而来，还有其他许多后果。"卡里克勒斯仍
然坚守他的立场，而苏格拉底通过善与恶的相互排斥的对立来
抨击他，（根据卡里克勒斯的假设）快乐与善同一而痛苦与恶
同一；但是快乐与痛苦可以并存，那么善与恶也可以并存，这
与它们相互排斥对立的假设相矛盾（495-497）。在497-499里
还有来自另一个观点的更进一步的分析。在475里，有关于
种种选择的明确陈述的一个例子，随后消除了所有选择只留下
了一个，于是那一个就被认为证明为真。在477和478里也
类似。

因此，在这里，在一篇对话的范围内，肯定的与否定的分
析都被发现，选择的使用即隐晦又明确，达到了肯定的结论，
虽然在完整方法的使用中存在某种含混与不严谨。

《美诺篇》——早在《美诺篇》里，美德已经被定义为"对
于高贵事物的欲望和达到这些事物的能力"。对于高贵的欲望被
与对于善的欲望等同起来。然后开始对这一定义进行分析。正
是这一详尽的说明似乎意味着有些人也欲望着恶。这得到承认。
对这一理念的进一步分析导致这样的结论：他们欲望着悲惨的
厄运，这不能被认为是真。然后在这一基础上，这一定义被拒
绝了。随后又回归了这一定义，并从一个不同的观点对这一定
义进行了抨击。这一定义的两个部分被分开举出：第一个是对
高贵事物的欲望，而第二个是达到它们的能力。对第一个的分

析导致不可接受的结论：一个人在美德上并不比别人更好。在分析第二个之前，限制"带有正义"被加到"达到它们的能力"之上。但是正义是美德的一部分，而我们就是在用美德自身的一部分在定义美德，这是不能令人满意的结论。然后，以三项不同的罪状，美诺关于美德的定义不得不被拒绝。(77-79) 从几个不同的观点简化到荒谬的结论是相当典型的柏拉图式分析。在著名的与奴隶少年的几何学演示中有两个归谬法例证。他对于边长两尺的正方形其边长值加倍，其面积也将加倍的回答被

65　研究了个水落石出，最终他看到这样一个正方形有面积十六平方尺，而不是他认为的只有八平方尺。因此他的回答是错误的，而他必须再次尝试。他的其边长应当是三尺的第二次回答也以类似的方式处理（82-83）。

在迄今从《美诺篇》给出的例子中，分析是肯定的，带有否定的结果。没有以基于所考察的命题的伪推导到其他命题的真的推论形式来陈述选择。无论如何，文中有段落对选择进行了研究。作出了新的尝试以定义美德，将它与知识等同起来（87）。如果这是正确的，那么美德就可以被传授。这一立场的困难以某种篇幅被加以分析，在这一分析的过程中，有几个次要的论点通过对于选择的研究得以成形（88，89，96）。将美德作为知识的定义所导致的矛盾会招致对于这一定义的拒绝。但是对此有一个备择的命题，即，美德是正确的意见；因为对于行动只存在两种指引：知识与正确的意见（97，99）。这一备择

的命题出于另一其他选择为伪的理由而被认为是真的。[1] 这反过来又对美德是否能够传授的问题有影响。美德要么是自然的，要么是习得的，要么是神授的本能（98-100）。无论它是正确的意见还是知识，它都不是自然的（98）；如果它是习得的，那这必定是因为它是知识，这个观点已经被拒绝了（98-99）；这样，美德即不是自然的也不是习得的，因此它必定是要成为正确的意见所必需的东西，神授的本能（99-100）。

《欧蒂德谟篇》——这篇对话似乎有些琐碎无聊。但是当你已经牢牢把握住柏拉图使用分析方法的观念时，它就并非如此，不仅是像论客们那样，出于把人置于毫无希望的矛盾之地的目标，而且还有某种正面的意义，即使这一正面意义并没有明确指出。对柏拉图来说，摧毁一个观点，意味着接受另一个观点。《欧蒂德谟篇》是对论客的讽刺，但又不仅如此。它是对于如果定义不严，言辞模糊的话，可能引出的荒谬矛盾的结论的例证。这在间接教授以下观念时有其意义：语言符号在与思想相关时 66 是功能性的，而不一定是固定清楚的。进而，《欧蒂德谟篇》是关于判断的观点的归谬法，这种判断赋予谓词以存在的力量，或者使得判断成为同一命题。

《理想国》——在《理想国》的第一卷里，讨论围绕着关于正义的定义展开。塞法鲁斯（Cephalus）将正义定义为"说出

---

[1] 这就是说，从这一讨论的观点看来。柏拉图自己的观点似乎是在最高的意义上的美德与在最高的意义上的智慧同一。参见本书第32-34、89、91页。

真理与偿还债务"（331）。定义的前半部分被分析出矛盾的结果，并被废弃。后半部分同样被分析出荒谬的结果；然后被加以改造，荒谬的结论再次被推导出来，说正义是无用的。这一结果仍然需要对定义作进一步的修正，根据分析，这一结果再次导致矛盾（331-336）。特拉西马库斯将正义定义为"强者的利益"。这被还原为与他自己的陈述——对于臣民而言，服从他们的统治者是正义的——相矛盾；因为统治者自身可能在他们的利益为何的问题上犯错（338-339）。但是特拉西马库斯坚持认为，没有艺术家或者统治者作为艺术家或者统治者曾经犯错误。因此，与此对立，业已表明，统治者就其统治者的能力仅仅对其臣民的福祉感兴趣，这一福祉是他作为统治者的唯一事业。正义因此是臣民的利益所在而不是统治者的利益所在，弱者的利益所在而非强者的利益所在——一个与特拉西马库斯提出的最初定义相矛盾的结论（340-342）。特拉西马库斯现在在论辩中被击败，于是长篇大论不义的优势（343-345）。他的论辩采取命题的形式，认为不义的生活比正义的生活更优越；并且，进而，不义是美德和智慧，而正义是其对立面。通过特拉西马库斯所接受的一个中间命题推导出这样的结论：正义是明智与善，而不义是恶与无知（347-350）。特拉西马库斯立场的后半部分因此不得不被拒绝。在谈到前半部分之前，就已经引进了一点否定分析。认为不义比正义更加强大、更有力量的立场现在可以被拒绝了；因为完全的不义被表明其效果是自我毁灭的，战胜了其自身的目标（351-352）。回到特拉西马库斯的立场的前半部分，通过关于目标的学说，达到了这样的结论：正义是灵魂的卓越之处，而不义是其缺陷；正义之人幸福，而不义之人悲惨。但是幸福与不悲苦是有益的。因此不义永远不可能比正义更有益（352–354）。 67

现在你将看到，在《理想国》的第一卷里的基本思想运动是通过肯定的分析，并未伴以备择的命题。结果是否定的，特拉西马库斯和他朋友的立场被推翻了；但是在提出这些立场的地方，没能建立正义的定义。正义的定义一直保留到在对理想国家的分析中已经看到正义的本质的时候。

你可能注意到，在《理想国》的第四卷里，有一个使用否定分析的非常清楚的例子。备择的选择陈述如下："哪个更有益，是做正义之人，行正义之事并且实践美德，无论众神和众人看没看到；还是做不义之人，行不义之事，只要不受惩罚、不被纠正？"根据以前的讨论（全都在第一卷之后），这一问题现在被宣布为荒谬；因为对第二个选择的分析表明，生死攸关的原理的关键本质被不义所侵害与腐蚀，而在这样的条件下，生活仍然值得去过是不可想象的。因此，第一个选择必须被接受。

《斐多篇》——使用这一分析方法的某些例子在《斐多篇》里可以发现。一个例子在支持灵魂的前世存在的论证的关联中发现。两种选择被总结出来（75）并加以陈述（76）：我们带着知识进入生命，或者知识是回忆。第一个选择被提出来接受考察。如果我们带着知识进入生命，那么我们应该能够从一开始就叙述这一知识，但我们不能做到这一点。所以第一个选择不真，这样第二个选择就被证明，亦即，知识是回忆。令人感到，理念的前世存在的这一证明同时也带来了灵魂的前世存在的证明（76，77）。但是灵魂在死后的生命是怎么回事？据说灵魂是和声。那么正像和声在琴弦毁弃后消逝一样，灵魂也会在肉体消解后消失。这一论证被相继的三个不同观点予以否决。（1）可以看出，这一有关灵魂的观点引导到一个与以前证明且接受的关于知识是回忆的学说相矛盾的结论（91—92）。由此抽取出来的结论清楚地表述为："如我所确信的，正确地接受这一结论［知识是回忆］，我必须如我所假定的，停止争论或者允许其他人争论灵魂是个和声。"（92）（2）说灵魂是和声的假设引导到以下结论：（a）关于灵魂存在的等级的结论；（b）如果是在有德的灵魂的情况下关于和声之中的和声的结论，而在邪恶的灵魂情况下关于和声之中的非和声的结论；（c）所有灵魂必定都是善的结论。这些古怪的、悖论式的结论在反驳说灵魂是和声的观念时的意义被明确注意到："那你想这一切都可能是真的吗？他说；因为这些是似乎从关于灵魂是和声的假设中来的结论？"（93—94）（3）灵魂是和声的假设涉及以下观点：灵魂不可能发出与琴弦的张紧，放松等等不和的音符，灵魂是由这些琴弦所组成。这与已知的事实——灵魂引导、对抗、强迫"要素"——相矛盾（94）。

从三个不同的观点出发，现在已经通过带有否定结果的肯定分析证明：灵魂不是和声。但是这不是所期望的肯定结果，

68

亦即，灵魂是不朽的与不可摧毁的。这一证明由一个预备讨论所导致，这一讨论服务于获得与最后的论证相关的长长一系列所接受的真理。这一系列以来自生与死的本质上对立的与相互排斥的特征的推论作结，这一特征是灵魂是肉体的生命，不能参与到死亡之中。这一结果因此被既肯定又否定的进一步分析造就得更加严格。"如果不朽者也是不灭的，那么灵魂也将是不朽不灭的。"但是这一肯定分析并不令人感到是结论性的；因为如果灵魂不是不朽的，"关于她不灭性的某种其他证明将不得不给出。"但是如果论证被付诸否定分析的形式，"就不需要其他证明；因为如果不朽者，永恒的存在，是易于死灭的，那么没有什么东西是不灭的。"这在神和生命的基本形式的情况下是与事实相悖的。因此灵魂是不灭的（100-107）。

《泰阿泰德篇》——在这篇对话里思想的运动整体看来是带有否定结果的肯定分析。有微小次要的运动，在有些地方（164，188，等等）可被另外归类为，例如对备择选择的认识，此外，至少有一个重要学说以直接程序建立起来（184-186）。这一对话的论证从泰阿泰德这一角色尝试定义知识开始。在这一对话的进程中，进行了三次这样的尝试并加以讨论。

69

1. 知识是感官感知。（152-186）这被等同于普罗泰戈拉学派的相对性学说，并从这一观点出发进行了大量讨论。但是首先，这一相对性的学说本身被建立起来以便于展示它在自己与这一问题的关联中包含什么。有趣的是注意到在这一否决此定义的任务中的这一辅助部分利用了分析的方法。感知可能关联到（a）主体与客体，感知者和被感知物；（b）主体和一个自身相对的客体；（c）一个相对的主体和一个相对的客体，每一个都只有瞬间的存在。相对性的这些可能的意思中的每一个都被依次举出并被发现牵涉矛盾。在每一情况下，心照不宣的假设是，当相对性学说的粗糙形式由于内禀于它的矛盾而破灭时，还有一种选择，一种逃避毁灭的途径，避难于这一学说的更精致形式。以这一方式，这一学说被发展得达到其逻辑极致的限度。当做到这一点时，就会发现它仍然包含困难。但是暂时先搁置这些困难，回到这一定义自身。这一定义的基本假设是将知识与感官感知等同起来（163ff.）。分析这一假设，就会发现它涉及言语的矛盾（163-165）。与以下这一假设相关联："一个人看来如此，那他就是如此，"同一性的学说再次破灭（170-184），通过将这一学说分析到与常识的冲突和其他冲突（170-171），同时摧毁了任何涉及来世的判断的可能（177-179）。然后回归到"普遍流变"的学说，并且还发现它涉及不可调和的结论。现在对有意识经验的那些我们最愿意承认是知识的要素的来源进行了考察，发现它们并非来自感觉器官（184-186）。这一重建和肯定分析的否定结果在证明将知识定义成感知为伪上是一致的。

2. 知识是真的意见（187ff.）。这一定义被举出并分析，注意到的第一件事是，"真的"意见这一描述似乎会隐含着假的意见的存在。当对这一假设进行考察时发现，在知识的领域里，假的意见是不可能的（187-188），并且在存在的领域也同样

（188-189）；因此必须在其他地方去寻找它，如果有的话。似乎存在一个其他选择——假的意见是一种异端，将一个事物与另一个事物相混淆（189）。列出了这样的混淆不可能发生的情况，从而把这些排除在考虑之外（192）。剩下的唯一可能性是将思想与感觉混淆（193）。这是真的吗？因为它不能解释关于思想的纯粹概念的谬误，就出现了一个严重的困难。（196）结果是"我们有义务说，要么假的意见不存在，要么一个人可能不知道他知道的是什么"。前一个选择似乎是唯一可能的。对知识的进一步分析表明以下事实，对假的意见的原因说明与定义知识的问题密切相关。因此必须回归到最初的问题，并且恢复对于将知识定义为真的意见的问题的考察（200）。但是在法庭上，律师也会在没有知识的情况下在真的意见的基础上作出正确判断。现在，"如果真的意见在法庭上与知识是同样的，那么最好的法官没有知识就不能作出正确裁断"；因为知识和真的意见根据假设是同一的。但是法官没有知识给不出正确的裁断，并且"因此我必须推论它们是不同的"（201）。这一最后的论证几乎是关于知识与感知同一的完美的*归谬法*。新的尝试不得不作出。

3. 知识是结合着理由或者解释的真的意见（201-210）。这一定义以同样的方式遭到抨击。如果解释意味着指出一个混合物的元素，在知识的定义里加上这一术语得不到任何东西；因为分析揭示出不可克服的困难。给出一个理由可能意味着以语言对思想进行反思，对一个事物的组成部分进行枚举，或者关于一事物的真的意见再加上差异的标记或者符号。在前两种意思下，都可以推导出矛盾；而在第三种意思之下，你最终获得根据其自身定义的知识，而这根本不是定义。这样，第三个定义因此也像另外两个一样失败了。

《泰阿泰德篇》的最终结果是否定的。当采取肯定分析的形式时不大可能得到别的结果。上面讨论过的各种定义不以某种数者择一的或者相互排斥的方式相联系；因此就没有机会从其中两个为伪的证明推导出第三个的真。但是这一否定的结果在柏拉图的头脑里有某种肯定的意义。在《巴门尼德篇》里，存在和不存在的问题以某种篇幅加以讨论，这两者概念化的困难也被利用。在《智者篇》里，这一不存在的问题被设想为实质上与假的意见的问题有关。不深入讨论细节，最好只是在此指出所达到的结论。

> 如果不存在在命题里没有相应的部分，那么所有事物必定都是真的；但是如果不存在有一部分，那么假的意见和假的言语就是可能的，因为想到与说出不存在的东西就是撒谎，这些谎言因此在思想与言辞的领域出现。[1]

在挖一种普遍化理论的墙脚时，就像洛克和密尔的现代联想学派的理论一样[2]，就像这一理论奠基于一种联想心理学上一

---

[1] *Sophist*, 260; cf. 261, beginning.
[2] *Theat.*, 201 ff.

样，在展示判断的现存概念化的不适当上，柏拉图准备了进一步分析与重建判断与否定的功能的分析，这一功能是在《巴门尼德篇》与《智者篇》里制定出来的。我认为，假设柏拉图必定不了解《泰阿泰德篇》或者任何其他对话的否定结果的意义，仅仅因为他把对这一问题的讨论推迟到了某个其他时候，这是个错误。当然，他如何在进一步沿着肯定线索的重建中利用这样的否定结果，是个值得注意的事实。

《巴门尼德篇》——已经注意到，这一对话可以从某个观点视为对分析方法的详尽完全的阐述（参见第50页）。在此，首先分析的肯定和否定阶段作为一个完整的研究方法的必要组成部分得到了明确具体的认知。这一陈述值得征引。

> 但是我想你应当再前进一步，并且不仅考虑从一个给定假设流出的结论，而且考虑从否认这一假设流出的结论。（136）

作为这一程序意味着什么的一个论证，关于一的巴门尼德式假说被举出并从各种观点来予以考察，即从肯定的假定，也从否定的假定。这一对话的更大部分被这一分析所占据。无论如何，它前面是对柏拉图式的理念的一段批评。

这一对话最为明显地区分为两个部分：（1）对柏拉图式理念的批评；（2）对埃利亚派的存在学说的批评。无论如何，我想，这一对话的真正功能是多少不同于从观察其主题得到的表面上 72

所显示的东西。第一个研究的结果似乎首先是证明理念的站不住脚。这一假说被表明涉及巨大的困难。还有个人与理念的关系问题。这是一个参与的问题还是一个相似的问题？那么，回溯到理念的过程一旦开始，也似乎会不得不继续到无穷。并且，第三，在我们内部的理念与绝对理念之间的关系中也存在困难。但是，尽管有这些困难，柏拉图感到，理念的学说不应当放弃。还有另一个选择，其结论要比从理念学说可以推导出来的结论灾难更加巨大得多。这个选择就是这些理念不存在。他感到虽然另一种立场存在困难，但是这一种立场是完全站不住脚的，迫使人们接受另一种立场，尽管存在困难。这与柏拉图思想运动和他的程序方法完全吻合。在《巴门尼德篇》里它呈现如下：

> 然而……如果某人将注意集中于这些以及类似的困难，摆脱了事物的理念，并且不承认每一个别的事物有它自己的决定性理念，这一理念总是一且同一，他就将没有东西作为他头脑赖以思考的基础；并且因此他将彻底摧毁推理的能力。[1]

对埃利亚派的存在学说的批评似乎并未对关于这一问题的结果产生其最大意义，而是对裁断的接合与否定的功能产生了

---

[1] *Parmen.*, 135; cf. *Soph.*, 259-260, 249.

意义。论客早已作出了不可能的预测[1]，虽然他们将裁断处理为存在的。否定"不是"也被赋予了存在的力量，第二，并被造就为表示绝对的不存在。[2]这样，裁断，如果肯定的话，就只能是同一的命题，因此没有价值；而如果是否定的话，就是荒谬与不可能。

在希腊文与英文里，"是（is）"的意思都同样存在含混。论客们利用了这一含混，将重点完全放在这个字眼的描述存在的力量上，从而说出他们与普通常识相矛盾的话。柏拉图在这一接合部的两种意思之间来回编织，时而是论客，时而又超出论 客。他通过他的分析展现出自己不仅是他们所从事的制造矛盾的游戏的大师，而且在分析他们自身的立场达到矛盾的结论上也胜他们一筹。对我而言，似乎所有这些不只是游戏或者讽刺。它将清楚的意识带给了这一事实：在这一接合与这一否定的使用中存在着含混。一旦看到了这一点，裁断就可以变成关键的知识过程，裁断具有一种，如果只看到描述存在的意思就进行否认的功能。在否定的裁断中，你也不仅拥有不存在的论断。就在对主体否决一个事物时，你实质论断了主体的他性；在说一个事物不是如此时，你并不是说它不是任何事物，而是说它并不如此。对于思想来说唯一理智的不存在是他性所隐含的那

---

[1] *Soph.*, 251 E, 259 E, 251 C; *Theat.*, 201 E–202 A. These references from
     SHOREY'S *Unity of Plato's Thought*, p. 58, footnote 433.
[2] *Soph.*, 238 C–241 A; SHOREY, *op. cit.*, footnote 434.

种不存在。[1]

《巴门尼德篇》的肯定与否定的分析，虽然在两种情况下都通过所达到的矛盾导致否定的结果，却是重建预测与否认的意义所必需的准备。否定的结果可以通过以下事实得到解释：虽然我们在这里有两个分析的阶段，但它们并非通过完全不含混的术语来发挥功用。对这篇对话的另一个有意义的观点是，这篇对话如此清楚地表明将语言视为并非某种一成不变的静止东西的必要性，并且因此在论证里有必要总是以相同的意思来使用术语。对诸如"一"、"存在"、"其他"、"类似"、"同样"、"整体"之类的术语和它们的对立术语的抽象与高度理性的使用是与它们的具体使用不同的事情。[2] 作为具体的术语，任何种类的结论都可以从它们中通过操弄它们意思里的变化来得到。[3]

《智者篇》——《智者篇》的论证有很大部分采用的是分析方法的形式。不存在（not-Being）的问题，在此这一术语被用于绝对否认实存和绝对与存在相分离的意思，以这一方式被提出。谓词所涉及的矛盾，甚至仅仅这一字眼的使用本身，被指出来。从这一点出发的推论被作出：这一假设为伪，而巴门尼德的哲学必须被付诸检验。柏拉图试图展示，存在与不存在之间的这样的分裂必须放弃。并且他明确指出他这样想的理由——从巴门尼德的立场会产生无法避免的矛盾。（237–241）

[1]　See SHOREY, *op. cit.*, pp. 58, 59.

[2]　*cf. Phileb.*, 14-15.

[3]　*Parmen.*, 135; cf. *Soph.*, 259.

他对于形形色色形式的哲学——他以某种篇幅（245-251）考察过这些哲学与这一问题的关联——的拒斥是基于分析得出的它们陷入矛盾的基础上。从所假设的存在与不存在的分裂的否定结果中可以推论：存在与不存在不应该被绝对分裂。但是这不意味着他们必须绝对混合。在此通过多种选择进行分析的最佳例证之一驾到。有三个可能的选择：（1）没有参与；（2）无差别的参与；（3）一些理念与一些理念的参与与沟通，这些选择中的每一个依次被举出。前两个基于它们的矛盾结论而被拒绝；而第三个作为唯一留存的选择被接受。整个论证后面跟随着一个仔细的概括，这样，归谬法的全部肯定力量就被展现出来（251-252）。确立了这一理念的沟通学说之后，他继续发展这一学说，并且将它应用于以前在《智者篇》和《巴门尼德篇》里推导出矛盾的地方的调整（253-258），明确指出，这种矛盾的一个根源，就像我们在《巴门尼德篇》的讨论中指出的，就是文字与意思的字面漂移（259）。他在这一存在与不存在相分裂的观点处终结了他的论证，提出了一个反对类的普遍分裂的论证，那是非常典型的方式，他总是藉由这一方式回到矛盾的原理，并使得这一原理服从肯定的结果而不仅仅是否定的结果。这是他的陈述：

对于普遍分裂的尝试最终湮灭所有推理；因为只有通过各个概念化彼此间的联合，我们才能达到理性的论述。[1]

---

[1]　*Soph.*, 259 end to 260 beginning; cf. *Parmen.*, 135; *Soph.*, 249.

导致推理湮灭或者知识不可能的任何命题已经被归结为荒谬，并不得不放弃。已经通过普遍论证排除掉存在与不存在的绝对分裂之后，并且从而使得调整《巴门尼德篇》的矛盾成为可能，正如前面已经展示的那样（参见第72页），柏拉图继续将刚刚达到的不存在的本质的概念化应用于《泰阿泰德篇》里的伪的意见的问题的解决。因此《智者篇》是《泰阿泰德篇》和《巴门尼德篇》的否定结果的肯定意义的发展。预测再次被造就为可能与重要。裁断里的接合与否定在知识过程里有意义。

《政治家篇》和《智者篇》——我们已经举出了《智者篇》的仅仅一个面相。另一个面相可以在与《政治家篇》的关联中来讨论。这两篇对话的目标在于通过逻辑区分的过程来达到定义。《智者篇》与《政治家篇》的定义在区分物种的漫长过程的终点来到，以最大的关注投入获得相互排斥的种类的事务，直到最终所寻求的要加以定义的事物以这样一种方式在最后的种类中被捕捉到，这一种类与其他所有事物相区别，与此同时还拥有它自己的所指出的根本本质。理念，就像《智者篇》里所展示的，与其他理念有某种往来。因此定义的问题是根据那遍及整体的原理，把它们恰当地切分的问题，与此同时还保存它们的完整。

他可以正确地切分，能够清楚地使用渗透到散布的大众中间的一个形式，并且也能够清楚地使用处于一个更高形式之下的许多不同的形式；然后再次使用结合进一个单独整体的一个形式，并渗透许多这样的整体，然后是使用许多只是分离孤立地存在的许多形式。[1]

小结——对于前述对话的研究揭示了以下事实：柏拉图熟悉并且使用处于所有面相的分析的方法。在一篇对话里是这一个面相占据支配地位，在另一篇里是另一个面相，这取决于所欲达到的目标。在有些地方，主要的目标是一种破坏性目标，以排除达到他所期望之境地的障碍。他不关心肯定的结论；主要的事情是反驳。在这里肯定的分析及其否定的结果，是完全恰当的；并且，在柏拉图的头脑中，没有必要假设这一否定的结果没有积极的意义。当主要的目标是讽刺他的敌手或者同时代人的立场时，或者当他通过熟练引导他的听者进入涉及他们以为自己完全理解的事物的矛盾的纠结，以刺激他们的好奇或者唤起他们的兴趣时，肯定的分析也是恰当的。但是，当他希望获得肯定的结果时，他也知道如何让备择的命题彼此对立，其中的任何一个都排斥或者否定另一个，这样，通过证明其中一个为伪，他就有权利从这一否定的结果肯定地推论出另一命题为真。比之我所谓的苏格拉底式分析——无论这是真正代表苏格拉底的方法，还是被柏拉图自己有目的地用于这一组对话，

76

---

[1]　*Soph.*, 253.

仅仅因为它对于头脑中的目标是恰当的 [1]——这一分析的优势就在于否定分析的使用，特别是以选择要么加以清楚陈述，要么清楚地呈现于头脑的形式。单独看来，《泰阿泰德篇》是肯定分析的好例证；《巴门尼德篇》是肯定分析与否定分析两者的好例证，虽然两者彼此有些孤立，就其与新的真理有关的范围而言；《智者篇》与《政治家篇》展示的是相互排斥的选择可以推导出来所依据的方法；《智者篇》配备了关于分析的威力的一个好例证，相互排斥的选择所赋予的杠杆作用造就了对分析的有意识的使用。到处都可以发现这样的例子，只是完善的程度或大或小。分析的面相的情况是如此显著，分析的不同面相的结果在《泰阿泰德篇》、《巴门尼德篇》、《智者篇》和《政治家篇》里一起突出来，人们也许有某种理由争辩说这些对话在写作时作者头脑里有教育学的目的，要详细展示分析的方法。

数学与柏拉图分析的关系

数学对于柏拉图使用分析方法的决断之影响的最清楚的正面暗示可以在《美诺篇》里发现。在那里，在讨论美德是否可以像在几何学里一样，通过作出假设然后推导结论的方式来教授时，作出了这一暗示。[2] 现在，这一从假设开始的论证，正

---

[1]　见本书第 59 页脚注。
[2]　*Meno*, 86-87；见本书第 84 页及以下页。

如我们已经有所了解的，恰恰是柏拉图程序的特征。这一点他自己在几个地方明确承认，除了我们已经给出的内部证据之外。[1]

哲学问题通常涉及巨大的复杂性。在这方面，虽然我们承认，分析方法所涉及的所有逻辑步骤有可能都已经在哲学讨论的领域里被完全发现了，但是这不大可能。特别是当同一方法被实际用于数学——一个对问题的理智控制可以造就得更加完77美，关系可以更加清晰地加以定义，简明性可以在最高的程度上达到的研究领域——时，这是真确的。现在，柏拉图对纯数学感兴趣，并且他特别对于数学的性质、特征、过程、方法，以及一般而言，对于数学中具有任何哲学的或者逻辑的意义的一切东西的层面感兴趣。无论柏拉图对于分析方法的兴趣的起源是在哲学还是在数学，都不会造成太大的差别。当这一兴趣一旦破晓，它就会找到以完全逻辑的形式在数学领域里实现自我的最大机会。首先在较为容易和较为清楚的情况里研究方法，然后再将这一方法应用于更加困难的地方，这也是柏拉图的特点。[2] 我们很自然会期望他首先在数学里清楚地意识到这一方法。我们这样做，似乎是在证明推论他如此所作所为的正当性，并且正如传统所肯定的，他立刻就对数学的逻辑作出了突出的贡献，与此同时，还获得了这一方法作为哲学研究的严格工具

---

[1]　See *Phaedo*, 99-100; *Parm.*, 136; *Gorg.*, 509; *Phaedo*, 106; *Rep.*, 6:510-11.

[2]　See *Rep.*, 2: 368-69 and *Soph.*, 218; 见本书第 48 页的讨论。

而服务于哲学时所必须满足的基本条件的线索。正是在数学要素的影响下，他受到了刺激，通过引进这一方法的那些面相，来使得这一方法完满，从而超越了苏格拉底和芝诺的分析。

78

第四章
数学程序与辩证法的关系

在前面的讨论中业已呈现，数学程序——至少某种形式的分析方法——在逻辑层面上是柏拉图的研究对话的基本特征。"辩证法"这个术语被相当松散地用来一般地指称通过讨论和分析来达致新的真理或者更高的观点的任何程序。在这个字眼的这一意思上，它既包括苏格拉底式的分析，也包括数学分析。在有些地方，柏拉图对术语"辩证法"的使用使得它成为了一种诗歌。灵魂直接凝视着宇宙的实在，不受感官束缚，而只借助纯粹理智就看到了永恒的存在 [1]，并且如此找到了她的真爱；在这里辩证法近似于爱[2]，一种与真理亲近的感情。在这个字眼的这一意思上，就直接直观所涉及的范围而言，辩证法会包括数学过程。但是还有许多地方，柏拉图在更加严格、更加技术性的意义上使用"辩证法"这一术语，并且，在这些地方，他

---

[1]　*Phadrus*, 247.
[2]　*Symp.*, 210 ff.

显然至少在辩证法与数学程序之间作出了区分。这使得对于数学程序与辩证法的关系进行适当的讨论变得必要。

正如前面已经提到过的，柏拉图似乎已经臣服于一种双重的思想运动，其活动彼此平行地奔跑，彼此互动，彼此修正。他的思考的一个阶段沿着逻辑上先天的要求的道路运动；另一个阶段是数学的。第一个运动与他的基本兴趣——即，实践的，或者伦理的兴趣——紧密相连。当伦理标准的有效性受到普罗泰戈拉感觉论哲学的怀疑时，柏拉图梦想着有一种方法通过其要素或者过程完全无涉经验，从而可以从怀疑的结果中拯救理论成果。这一方法应当只通过理性的实践而达到其结论。它的材料、它的过程、它的结果，应当都是理性的。所有伦理的概念都应当可以从假说或者原理推导出来，这些假说或者原理是活跃的理智所要求的，而不是由感觉所强加的，并且这些又反过来应当被一步一步地追溯到一个至高神圣的、非经验的原理——善的理念。柏拉图所想象的这样一个方法应当赋予我们关于真正存在的知识——持续、不变、永恒。集中在捍卫这一结果上的问题是出类拔萃的问题，应当引起哲学家的思考。因此，这一方法会完全在理性的领域里工作，并且捍卫被柏拉图称为辩证法的绝对知识。这样，辩证法，在这个字眼的更加技术性的意义上，是哲学研究的典范。它是思想的先天逻辑运动的要求。但是以这些术语来描述，它迄今为止只有少量的特定内容。这一内容将在未来的讨论中呈现。

涉及刚刚提出的论点——柏拉图的伦理问题，以及他找出一种沿着完全理性的路线行进的抨击方法的情感需要——《斐多篇》里的一段文字（96-101）非常有意义。在这里，柏拉图似乎已经达到了他不愿意接受条件陈述作为数学中本质或者事实的任何现象的解释的境地，但是他要求依据最终原因作出解释——一种神学解释。如何给出这样一个解释是他的问题所在。他感到解答这一问题的关键将在理性的而非自然的过程里发现。他说，"他头脑里有一种新方法的某种混乱概念。"[1] 所以当他发现阿那克萨哥拉说"头脑是万物的主理与原因"[2]，他"高兴地"向这一概念致敬，认为最终他将拥有对他的问题的答案。他在阿那克萨哥拉那里的希望的基础在于，他认为，当他谈论头脑是万物的主理时，他会展示万物如何是其所是，因为这样是最好的。[3] 他期望看到与善同一的原因。他然后继续说出他对阿那克萨哥拉的巨大不满，因为他只学到了条件，而完全没有学到最终原因。他举例说明以下这样的解释徒劳无功：假设苏格拉底坐下来等候死刑而不逃跑的理由就在于肉体的各个部分的结构与功能，而不在于他"选择了更好和更高贵的部分"。在论述这一观点时，他说：

> 在全体这个里面确实存在着原因与条件的奇怪混淆。
> 可以说，确实，没有骨肉和身体的其他部分，我不能实践　80

---

[1] *Phaedo*, 97; ἀλλά τιὑ ἀλλον τρόπον αὑτὸς εικῇ φὑρω.

[2] νοῦς ἐστιν ὁ διακοσμῶν τε καὶ πάντων αἴτιος.

[3] 用了 εὐ ἐχειν, βὲλτιδτος 与 ἀμείνων。

我的目标。但是说我作我所作是因为肉体，而这就是头脑运作的方式，却不是来自对最好的东西的选择，那这种说法是非常粗糙而空洞的谈话模式。我怀疑他们不能从条件里区分出原因。[1]

再一次，在解释有形宇宙的关系时，他们犯下了忽视最终原因的同样大错。

任何如他们所是的那样在安排他们的能力，把他们安排到最好，却从来都不会进入他们的头脑，而与其在这一能力中找出任何超越的强力，他们宁可期望去发现另一个托举世界的阿特拉斯，他比善（τὸ ἀγαθὸν）更强壮、更持久、更包容；他们对善的义务能力与包容能力视若无物，然而，这却是我会乐于学习的原理（τῆς τοιαύτης αἰτίας），如果任何人肯教我的话。[2]

因此，既在行为举止的领域，也在自然的领域，柏拉图都在寻求根据最终原因来进行解释；并且，毋庸伦理学领域里的问题，他就将这一原因与善的原理等同起来。当柏拉图沿着逻辑上先天的要求——一个我们已经看到，它自身已经跳出了针对这一伦理问题的特定答案的反应的要求——的道路前行时，

[1] *Phaedo*, 99.
[2] *Phaedo*, 99.

对于他来说，这就是伦理问题的结果。他已经达到了在感觉与理智之间作出的区分；并且，将着重点置于理性过程之上，这一强调反过来被数学影响所强化，他已经把头脑提升到最高的境地。但是头脑，理智，预设了目标。伦理学要求这一目标指向善的方向。因此，他达到了对于善的神学的要求。在善的理念里，我们已经将理智的东西——这是为了超越相对性学说所必需的——与伦理学的东西结合起来。柏拉图感到，这就是所需要的结果。但是获得这一结果的方法，或者技术，是什么呢？当然不是任何容许经验的要素在任何阶段掺杂其中的方法。[1] 在《斐多篇》里，他"头脑里有关于一种新方法的多少混乱的概念。"

我们已经看到一种新方法降临所要求的条件，以及这一新方法——辩证法——必须满足的条件，辩证法的本质一般而言必须所是的东西。这样一种方法如何演化？辩证法在这一技术的意义上必定确实是长期而沉闷的过程——祛除感觉要素基本不可能。他自己指出，只有经过最严苛的实践，辩证法才能够被掌握。它涉及最严苛的抽象和最高理性的过程。它也涉及高度发展的、非常活跃敏锐的精神视力所表现出的直接直观的要素。它的过程不能轻易地被展示，不像用肉体的眼睛观看绿色的过程可以被展示，还可以向从未看见过的人解释。因此柏拉图转向数学这第二条道路，沿着这条道路，他的思想移向同一

81

---

[1] Cf. *Phileb.*, 58, 59, 61.

目标。这里是这样一个过程，在一个领域——一门特定的精确科学的领域——里达到完全理性的、完全摆脱了感觉要素的理念。这一过程起到了模范的作用——在哲学思想的每一领域都应当达到的典范。数学方法给予柏拉图以解决"新方法"的问题的线索，这一方法是他关于伦理问题的定义所要求的。无论在达到理性结论的目标的数学方法中会有什么困难，对于柏拉图来说，实际能够将数学方法的过程展示出来都有着非常巨大的优点。进而，数学方法与他正在探索的方法有如此多的共通之处，训练在这一方法中是作为使用辩证法的直接心理准备起作用的。

当辩证法与数学程序的关系为柏拉图完全而清楚地意识到的时候，对于数学程序与辩证法的关系更加详细的讨论就可以对辩证法作为一个过程的本质予以最佳解释。柏拉图所把握的数学程序所最推重的东西是分析的方法及其有关假设的程序。[1]这已经以较长篇幅予以解释。对他来说，这一方法作为构想他的辩证法的出发点而发挥作用。还有一种流行的论证风格，柏拉图针对它作出反应。这他称之为论辩术（eristic）。辩证法的本质需要在与它的关系中进行研究，就像需要在与数学分析方法的关系中进行研究一样，这两者都是为了更好地理解辩证法，也是为了理解数学要素在辩证法中的意义。

论辩术始于前提，但是在精神上与辩证法迥异。在第一个

---

[1]　*Meno*, 86-87; *Rep.*, 6:510-11.

地方，论客偏好从他自己的前提开始，他认为这些前提是真的，除非他的对手可以驳倒它们；而辩证法专家愿意从他对手的前提开始，并且分析出这些前提的结论。如果他从自己的前提开始，那总是为了赞同他的对手。[1] 现在，这一差异意味着什么？ 82 它意味着辩证法专家充分意识到他的探究的假说性质，而论客却没有意识到。辩证法专家对于前提与结论的相互关系感兴趣，意识到特定种类的结论对于前提与特定种类的前提对于结论一样，同等有意义，并且他要从前提与结论的关系的角度筛选出真理。柏拉图充分意识到他的方法的假说特征，并且明确认识到这一点。[2] 在第二个地方，正如刚刚已经暗示的，辩证法专家以探究真理的精神来着手讨论；而论客，则是为了维护一个论点，更有甚者，是为了迷惑他人来取乐，为了以矛盾来驳倒对手。这用几个段落来说明，我将给出一到两个征引。

　　争论者（Χωρὶς δὲ διαλεγόμενος）可以绊倒他的对手，想绊倒几次都随他高兴，并且从中取乐；但是辩证法家将很认真，只在必要时纠正他的对手。[3]

　　他将模仿寻求真理的辩证法家，而不模仿只为了取乐的缘故去反驳别人的论客。[4]

---

[1] *Meno*, 75, 79; *Soph.*, 259.

[2] *Phaedo*, 106, 107.

[3] *Teaetetus*, 167 E.

[4] *Rep.*, 7: 539; *cf.* 5: 454 A; 6: 499 A; *Soph.*, 259.

在第三个地方，论客（ἀντιλογικός）搞混了假说与其结论 [1]——这是与前面的论述密切相关的观点，在此只有辩证法家理解它们彼此的真正关系。论客倾向于将他的结论当作最终的结论，或者至少也把讨论不加任何帮助地留给那些已经追随它达到肯定结果的人们。他很享受把他们留在似乎毫无希望的迷惑与矛盾之中。确实，这是整个论证的目的；因为这给每个人留下了出众的论证威力在他一边的印象。另一方面，辩证法家虽然也会引导到诸如荒谬、悖反与矛盾的结论，但他们这样做时意识到了以下事实：这些结论与前提绑在一起，如他已经说明的那样，他有权利进一步推论，亦即，这些结论与前提的真或者伪有关。他使用否定的结果，并不一定作为最终的结果，而是作为重建或者进一步推论的需要的指标。辩证法不只是反驳的工具；它也是探究的过程。

83

辩证法的本质可以通过研究数学程序和辩证法之间的关系来更清晰更有力地看出来。这一立场已经被纳入柏拉图切分直线的讨论，就其理想特征所涉及的范围而言，在数学概念与理念之间不存在差别。所举出的在内容层面里的第三和第四分类没有本质的差别，但是暗示的是：在过程层面里有一个基本的差别。我期望在此提出的观点是：在过程层面的这一差别恰恰是数学方法和辩证法方法之间的差别；并且可以在内容层面作为这一点的结果而被感知的这类差别不像在认知方面那么重要。

---

[1]　*Phaedo*, 101 E.

虽然我会部分地同意米约，但是似乎不可想象的是，柏拉图会对于数学与辩证法之间的差别那么泰然自若，如果这一区分在他头脑里没有意义的话。就这一初步陈述的立场，我现在将转向更加详细的讨论，以使得这一论点更加清晰。

无论柏拉图可能给予数学家的工作以多高的评价，说"熟练的数学家不是辩证法家"也仍然是真确的。[1] 在这同一脉络里，他暗示了他作出这一区分所依赖的基础。那就是数学家不像辩证法家，能够给出理由（λόγον）。这在什么意义上为真且留待以后。我在此给出这一陈述是要生动地说出下述事实：柏拉图并不将数学程序与辩证法等同起来。他似乎感到数学家多少处于来自感觉要素的约束之下。数学家的首创精神不是在思想的自由活动中发现的。有些东西被赋予他，他不会探索这些东西背后有什么。"数学家们并不创造示意图，而只是找出以前就包含在图里的东西。"[2] 他们从被给予的资料开始，或者最好也就是从理智所决定的某个固定的点开始，并通过关系与逻辑联系的直观推理出必然的结论。但是辩证法检查资料自身的有效性。柏拉图在他关于数学与辩证法对于假设的不同用法的讨论里非常清楚地说出了这一点。在进一步讨论之前，最好是给出某些有意义的引文。

探究 [在第三部分，数学被置于那里] 只能是假说性

---

[1] *Rep.*, 7: 531 D, E.

[2] *Euthydemus*, 290.

84 的，并且没有上升到原理（ἐπ' ἀρχὴν），而是下降到另一端，在 [辩证法，或者 διαλὲκτικὴ] 里，灵魂远离了假说（ὑποθέσεων），而上升到假说（ὑποθέσεων）之上的原理（ἀρχήν），不像在前一情况里那样利用形象（εἰκόνων），而是只藉助与通过理念自身（αὐτοῖς εἰδεσι）行进。[1]

你意识到，学习几何学、算术和这类科学的学生假设（ὑποθέμενοι）奇数和偶数、图形和三种角等等诸如此类，以及他们的几个科学分支：这些是他们的假说（ὑποθὲσεις），他们和每个人都应当知道，因此他们并不屈尊给出对这些东西的任何描述，无论是对他们自己还是对他人；但是他们从这些东西开始，一直继续到他们最终以一种一致的方式达到他们的结论。[2]

当我谈论理智（Τοῦ νοητοῦ）的其他分支时，你要明白，我谈论其他种类的知识，理性（ὁ λόγος）自身达到这些知识，是通过辩证法（Τοῦ διαλέγεδθαι δνύςμει）的威力，使用假说（ὑποθέσεις），不是开始就作为第一原理（ἀρχάς），而只是作为假说（Τῷ ὄντι ὑποθέεις），这就是说，作为进入高于假说的世界的出发点与台阶，为了理性可以翱翔于假说（ὑποθέσεις）之上，达到整体的第一原理（Τὴν τοῦ πατὸς ἀρχήν），并且紧紧抓住这一原理不放，然后抓住依赖于这一原理的东西，藉助后续的台阶，

[1] *Rep.*, 6: 510 B.
[2] *Rep.*, 6: 510 C, D.

理性毋庸任何可感知对象（αισθητῷ）就再次从理念下降，通过理念，并在理念结束（εἴδεσιν αὐταῖς δι αὐτῶν εἰς αὑτά, καὶ τελεντς εἰς εἴδη）。[1]

对这些段落的仔细研究揭示出数学过程（διάνοια）和辩证法（νόησις）之间的相似与差异。这两者都利用了假说。数学过程（διάνοια）并不讨论假说的有效性；辩证法（νόησις）则追溯假说的基础，并不认为它们是自足的。两者都寻求摆脱了感觉的理念。数学过程（διάνοια）使用可见的符号作为手段；辩证法（νόησις）不利用感觉符号。但是有意义的是使用假说上的差异。在一个使用分析方法的情况下，数学家们似乎已经达到了对于他们推理过程的假说特征的多少清晰的概念化。他们没有意识到，他们的日常资料在特征上也是假说性的，这些资料也依赖于其他某种东西。他们将它们视为原理（ἀρχαί），而不是假说（ὑποθέσεις）。辩证法家前进到看的全程，不仅分析方法的资料是假说的，而且数学资料的整体也是假说的。似乎是这样，柏拉图从数学中假说方法的一个清楚的例子开始，完善了这个领域的分析方法，并且然后用它作为研究的典范，在这里培养出辩证法的概念化，在这一概念化里研究的同一原理被传承给所有基本概念。这一方法被普遍化，并且沿着两个方向：（1）在超出数学领域扩展其应用领域上；（2）在其应用的

85

[1]　*Rep.*, 6: 511 B; cf. *Phaedo*, 101 D, E.

深度上，还要满足以下要求：所有基本概念，不仅数学的概念，而且还有关于所有主题的概念，都要服从于依据将它们植根于某一更高原理的可能性的考察。如果这一原理已经达到，那么，通过整个理智的和理性的过程的下降就是可能的。辩证法涉及上升与下降两者的过程。因此一个系统形成了，在这一系统里，头脑的自由活动可以毋需处于感官感知的约束之下，而是依据理性的原理与规律，就运动起来。这样一个系统会满足由于追随思想的逻辑上先天的线索而施加的要求，并且与此同时会涉及所有柏拉图已经发现其价值的数学程序方法。

辩证法作为假说方法的普遍化的这同一个概念化出自《智者篇》（253）。分析方法的所有特征都在那里暗示出来，除了普遍化。正如我们已经看到的，这里有切分的过程，其中相互排斥的选择得以保留。这里有探索，试图看到是否任何普遍的类依赖于某种其他使其可能的类（假说程序）。这里有上升的过程——试图看到许多不同的形式包含在一个更高的形式之下；有下降的过程——看到一个形式被编织进一个单独的整体并且渗透许多这样的整体。这一段落似乎值得全部引用。

　　那么他［辩证法家］不会问关联的纽带是否普遍，所以万物能否相互融合；以及，在切分时，是否存在其他普遍的类，切分使得这些成为可能？……我们难道不应当说根据类进行区分——这既不会造成同样的他者，也不会造成他者的同样——乃是辩证法科学的事业吗？那是我们应当

114

说的话。因此，当然，能够正确区分的人也能够清楚地看见一个形式渗透在散布的大众之中，而许多不同的形式包含在一个更高的形式之下；再次，一个形式编织进一个单独的整体，并且渗透许多这样的整体，而许多形式，只存在于分离孤立之中。[1]

从这一观点看来，辩证法并不与某种技艺关联得比与另一技艺更多。它的功能是普遍的。所有技艺在它面前是平等的——无论是将军的技艺，还是捉虱子者的技艺都一样。[2]它只涉及它们作为技艺的抱负或者立场。从获得理智的观点看来，它的"努力是了解所有技艺里什么是、什么不是同类的"。[3]

现在我们可以说，正是因为辩证法是所有技艺的这一理智的方面，才能够以这种不偏不倚的方式来看待这些技艺，了解它们的荣誉或者污名的程度。辩证法从它们与整体的关系来看所有这些技艺，就好像它们依赖于某一共同的基本原理，它们的功能与价值依赖它们与这一原理的关系。

这将我们从一个新的角度带回到数学程序与辩证法的关系问题。数学程序已经超越了生产技艺，从一种观点提出了对所有技艺来说是共同的东西，不仅是作为一个要素的共同，而且是作为控制原理的共同，某种它们全都依赖的东西，亦即，测

---

[1]　*Soph.*, 253.

[2]　*Soph.*, 227 B.

[3]　*Soph.*, 227; cf. *Parm.*, 130 D, E.

量或者定量的原理。但是，从柏拉图的观点看来，数学原理依旧不是可以俯瞰万物的最高的观点。如此这般的数学恰恰错过了占有最高类型知识的特征；它中途停下，对于它的基本概念未加检查，因此并不具有综合的、全部包容的、辩证法所具有的全局视点。它自身需要在某种深入的更高的原理的启示下更深入的解释。从这一观点看来，它属于一个处于意见（δόξα）和理性（νοῦς）之间某个地方的领域。柏拉图将它置于知性（διάνοια）的领域。[1]

如果我们将这一观点继续推向深入，我想它将对柏拉图在数学程序和辩证法之间建立的关系给予进一步的启示。在《泰阿泰德篇》里，对于意见（δόξα）有相当的讨论。似乎在意见（δόξα）与真的意见（δόξα ἀληθής）之间确立了一个区分 [2]，不可否认，法官也可以在真的意见（δόξα ἀληθής）的基础上作出正确的裁决。从结果看来，结论明确相同，就好像他有知识并且可以给出理由一样。但是在此他的裁断仍然缺少认知的层面，这认知的层面将赋予他的裁断在更高的意义上被称为知识的资格。[3] 所以柏拉图感到它与数学同在。数学家并不使用他的结果，而是把这些结果转交给辩证法家。[4] 如果柏拉图使用真的意见与更高的知识这类术语，他会将数学置于真的意见的分

[1]　*Rep.*, 6: 511 D.
[2]　See especially *Theaet.*, 201 B. C.
[3]　Cf. *Gorg.*, 454-55.
[4]　*Euthyd.*, 290.

类之下。他确实将它置于意见与理性之间，而这正是真的意见不得不落入的范围。这一解读，在他强调数学结果的理念论的与绝对的特征，与此同时又突出辩证法的高超地位的情况下，会调解两者间明显的含混，如果不是矛盾的话。在真的意见里，数学的内容，它的本质，会是理念；但是，从过程的层面看来，这些数学理念在更高的、更加哲学的意义上会缺少知识的完整认知方面。这一解读，既使得柏拉图在数学与辩证法之间所作出的区分容易理解，也使得他不断指出与坚持的紧密关系容易理解。在《美诺篇》(98) 里，虽然他以最严格的语言坚持认为知识区别于真的意见，但他还是展示了真的意见可以传递进入知识，"当因果联系固定住的时候。"这一固定在那里是由回忆（在形而上学的意义上）完成的。我们已经指出，柏拉图在许多地方以一种诗意的方式使用辩证法。这不是拉伸事实，就好像我们在《理想国》和《斐多篇》里知道那些事实，说真的意见的这一固定被有"因果联系"的"链条"所系，这一联系是回忆的功能，在其他地方，这一固定被等同于辩证法过程。在手头的这一问题里，这一观点的特定完成在《理想国》(511) 的一个陈述里发现，与在数学和辩证法内使用假说的讨论的直接联系里提出。在那里，在谈到数学真理低于辩证法真理时，非常有意义的涉及资格的话被加上了，"虽然当第一原理被加诸它们时，它们能够被更高的理性辨认出来。"可以看到，这一陈述是与《美诺篇》里关于真的意见的陈述精确合拍的。

作为这一解读的结果，我们不能随便地、不加限制地说，柏拉图在知识的功能上将数学和辩证法等同起来或者区分开来。单独看来，它们在内容上是相似的；在对头脑的态度上，它们在认知层面上不同；在过程中，它们在使用假说方法的程度与普遍性上不同。就与数学方法对于柏拉图有关辩证法的概念化的影响特别相关的方面而言，这一讨论的结果似乎表明，有充足的理由相信，虽然有其他因素对于决定柏拉图的思想运动在起作用，但是说他从数学里接受了假说方法的应用的建议，在澄清他的思想与使得他能够阐明应当满足逻辑要求的方法方面是个非常真实的因素，在这一逻辑要求之下，他感到必须通过伦理问题来思考他的方法。

我们已经看到，压力如何持续地迫使柏拉图在认知层面建立价值的区分。伦理问题的答案，从逻辑上先天的观点看来，要求在感觉与理智之间建立区分。数学程序提出了同一要求。这一区分被建立起来。技艺的类比也通过它揭示出涉及数学要素的理智控制原理而导致同样的目标。但是数学不足以达到关于目标的知识，数学的程序方法也不行，然而在给定的知识里数学的程序方法就完全充分，从每个观点看来，这一知识都同等良好地被保持——知识总是能够被带回到进一步的假说，直到它基于假说之上的东西才作罢。所以不得不在数学与辩证法之间建立一个区分，并且辩证法不得不从这一深入的观点加以定义，并且不得不满足这一深入的要求。辩证法因此成为了知识的上限。在这一辩证法里，我们有理性活动的高度，有摆脱了涉及感官感知类型的经验的必然性束缚的头脑。向着理智决定的原理的上升已经开始，理智过程所造就的下降也达到了在这一原理控制下的殊相。理想就是通过理念的手段实现从理念到理念的程序。在这里，柏拉图找到了解答认识论问题的可能性，并且与这一可能性一起，还找到了伦理问题（在第79页陈述）的答案，伦理问题出自认知问题成长起来的严格要求。伦理原理不再需要基于任何普罗泰戈拉式的相对性学说。感觉也许并不充分；让我们承认这一点。但是如果美德基于知识，而知识通过辩证法过程来到，那么基本的伦理原理就基于稳当的基础之上——一个不服从变化与迁移的规律的基础。

现在，我们通过建立区分的过程，已经追溯了，也已经看到了，柏拉图是如何以一种将伦理学植根于坚实的理论原理的方式，使用区分来陈述认识论问题，也许最好是提出进一步的问题，诸如这些区分的本质：它们是绝对的还是功能的？当最高的区分已经被提出，它与那些较低的区分有任何有意义的联系吗？较低的区分与较高的区分有任何这样有意义的联系吗？当然，为了捍卫以下的主题有许多话可说：柏拉图所建立的区分是功能性的，而非绝对的。

在这里，较低的与较高的之间的联系在许多方面都类似于手段与目标之间的联系。数学在一个层面上是来调停的，是作为理智控制的工具，或者与结果有关的手段的组织来服务的；辩证法在更高的理智层次上仍然执行的是调停功能。

即使感觉有其价值，但是，从完全的认知观点看来，感觉也不是独立的。感觉是不充分的，而非必要的。感觉的结果不得不被转给其他的官能予以裁判、检验和使用。正如《法律篇》所言，头脑必须与感觉混合以便拯救万物。船的安全不只依赖领航员一人，也不只依赖水手们。只有当领航员与水手们的感知与领航的头脑联合起来，船才会得救，连同那些船上的人们一起。[1] 在《法律篇》中的城市里，年轻的卫士让"他们的灵魂充满眼睛，他们借此来看顾整个城市。他们持续监视，把他们的感知全交给了记忆，并且通报长者城市里所发生的一切"。这些明智的长者待在市政会里，"并且利用年轻人作为他们的执行者，并给他们提出建议——以这种方式，双方一起真正保存了整个城邦"。[2] 在如此这般的想象中，柏拉图指出，在他所建立的区分之间存在着关联的关系。从价值的层面看来，较高的处于独立的位置，虽然它仍然在功能上与较低的有关联。

这一关于较高的和较低的区分之间的关系的观点，在已经引用的（参见第88页）关于真的意见成为知识的情况里，当时它被"因果联系固定住"，和关于数学真理的情况里，"当第一原理被加诸它们时，可以被更高的理性所认知"，得到了清晰阐述。在《理想国》里的洞穴或者巢穴的神话里也有许多阐述，那与这同样的观点很和谐。

柏拉图对于最高类型的知识——即哲学家，或者聪明人的知识——与较低的和不那么关键形式的知识之间的关系的这一态度，正如我们所期望的，恰恰被带进了伦理的领域。这可以

[1] *Laws*, 12: 961.
[2] *Laws*, 12: 964-65.

通过从技艺的类比层面开始最清楚地看到。个别的技艺在孤立时有某种合适的场合、功能和价值；但是他们所涉及的知识不是在最高意义上的知识，因为此一知识不能实施与进一步目标或者善相关的行动，而只能制造某种可以被制造的器物。聪明人，哲学家，看到了技艺的杰出卓越，不仅在技术可以生产某种产品的层面，而且关乎这一产品与某种终极的最后目标的关系。这样，他就这一技艺有了更高的知识。所以这一知识涉及生活的所有行为。道德行为领域里的习惯、风俗、程式赋予的美德是盲目的。这些美德只有当在与善的理念——伦理裁判领域里的最高辩证法原理——的关系里看到时，才会成为理智的和真正道德的。

伴随着达到辩证法，我们已经看到，柏拉图能够解决他的认识论的问题，特别是能够解决他的伦理学的问题。本体论问题，已经部分地被理念论观点所吞噬（参见第29、43页），在理念的同一中收获了它的最终答案，在辩证法的程序中实现为最高的和最终极的实在或者本质——非物质的且永恒的——在与这一实在的关系中，经验事物的整个世界将被裁判。

宇宙论问题也收获了它的答案。我们已经看到，数学为生产装备了技术，并因此为宇宙的创造装备了技术。但是这样的技术意味着理智，意味着目的，意味着终极目标。这些只能通过辩证法来实现。原因以神学的术语予以陈述。就像在技艺中，有个工匠使用基于数学原理的技术，所以在宇宙论过程里我们发现了创造者（the demiurge），这一数学的理性活动的体现。

在技艺里有终极的善的征兆，但是在宇宙论过程里，从辩证法
91 的观点看来，存在清楚地、理智地把握的一个终极目标，善的
理念，这是创造者寻求实现的东西。

　　虽然本书的主要问题是数学要素在柏拉图哲学中的意义，
但是对于这一要素的讨论，除了对于它所涉及的问题的背景与
脉络的讨论之外，可能并不充分。因此似乎有必要以一种多少
武断的方式给出有关这些问题的答案的陈述。无论如何，数学
要素的意义对于这些问题的解决不像数学要素对于这些问题的
阐述的影响那么大，也不像数学要素对于自身为找出一种方法
的问题给出的手段的影响那么大，柏拉图可能认为这样一种方
法对于探究的过程就足够了。他的方法的顶点是辩证法，为了
92 构造辩证法的概念，他对数学负债良多。

参考文献

关于希腊数学史：

Cantor, Moritz. *Vorlesungen über die Geschichte der Mathematik.* zweite Auflage. Leipzig: Teubner, 1894. Pp. 1-222.

Hankel, Hermann. *Zur Geschichte der Mathematik in Alterthum und Mittelalter.* Leipzig: Teubner, 1874. Pp. 1-88.

Suter, Heinrich. *Geschichte der mathematischen Wissenschaften.* Erster Theil, zweite Auflage. Zürich, 1873. Pp. 1-50.

Bretschneider. *Die Geometrie und die Geometer vor Euklides.* Leipzig, 1870. (Ahmes.) *Ein mathematisches Handbuch der alien Aegypter* (*Papyrus Rhind des British Museum*), übersetzt und erklärt von Dr. August Eisenlohr. Leipzig: J. C. Hinrichs, 1877.

Chasles, M. *Aperçu historique sur l' origine, etc., de géometrie.* Paris, 1837, 1875.

Allman, George Johnston. *Greek Geometry from Thales to Euclid.* London: Longmans, Green & Co., 1889.

Gow, James. A *Short History of Greek Mathematics.* Cambridge: University Press, 1884.

Cajori, Florian. *History of Mathematics.* New York : Macmillan Co., 1894.

关于哲学问题：

关于哲学史的一般著作没有包括在这一目录里，我同样略去了大量关于柏拉图的一般文献。我的工作最大部分地基于对柏拉图对话的原始研究。因此只给出与我的特定问题最密切相关的著作的简要目录：

Cohen, Dr. Hermann. *Platonic Ideenlehre und die Mathematik*. Marburg,1879.

Joel, Karl. *"Der λόγος Σωκρατικός" Archiv für Geschichte der Philosophie*, Bd. VIII (1895), PP· 466, 896; Bd. IX, p. 50.

Benn, Alfred. "The Idea of Nature in Plato" *Archiv für Geschichte der Philosophie*. Bd. IX (1896), p. 24.

Milhaud, G. *Les philosophes geomètres de la Grèce*. Paris, 1900.

Windelband, Wilhelm. *Platon*. (In Fromann's "Klassiker der Philosophie") Dritte Auflage. Stuttgart, 1900.

Rodier, G. "Les mathématiques et la dialectique dans le système de Platon," *Archiv für Geschichte der Philosophie*, Bd. XV (1902), p. 479.

Ritchie, David G. *Plato*. New York : Scribner's, 1902.

Shorey, Paul. *The Unity of Plato's Thought*. ("University of Chicago Decennial Publications") Chicago: University of Chicago Press, 1903.

索引

（索引页码为原书页码，即本书边码）

图书在版编目（CIP）数据

柏拉图哲学中的数学 / （美）欧文·埃尔加·米勒著；
覃方明译 . —杭州：浙江大学出版社，2017.4
书名原文：The Significance of the Mathematical
Element in the Philosophy of Plato
ISBN 978-7-308-16558-7

I.①柏… II.①欧… ②覃… III.①柏拉图（
Platon 前 427－前 347）—哲学思想—数学分析 IV.
①B502.232

中国版本图书馆CIP数据核字（2017）第004191号

柏拉图哲学中的数学

[美] 欧文·埃尔加·米勒 著　覃方明 译

策划编辑	周　运
责任编辑	王志毅
装帧设计	罗　洪
出版发行	浙江大学出版社
	（杭州天目山路148号 邮政编码310007）
	（网址：http://www.zjupress.com）
制　　作	北京大观世纪文化传媒有限公司
印　　刷	北京中科印刷有限公司
开　　本	880mm×1230mm　1/32
印　　张	4.25
字　　数	114千
版 印 次	2017年4月第1版　2017年4月第1次印刷
书　　号	ISBN 978-7-308-16558-7
定　　价	32.00元